英国の危機を救った男チャーチル

なぜ不屈のリーダーシップを発揮できたのか

谷光太郎

芙蓉書房出版

まえがき

第二次世界大戦を指導したのは、主要国ではドイツのヒトラー、英国のチャーチル、ソ連のスターリン、米国のルーズベルト、日本の東條英機であった。

明治憲法の枠で縛られていた東條は、戦争指導に欠かせない権限・権力を持てずに四苦八苦した。東條の指導者としての力量・器に問題があったことは、もちろんである。

東條を除いた四人は、いずれも絶大な権力を持って戦局をリードした。ヒトラー、スターリンは一党独裁国の独裁者であって論外であろうが、同じ権力者と言っても、法治国、思想・信条・言論の自由を標榜し、複数政党が存在し、選挙によって大統領や首相が選ばれる政治体制下での最高指導者チャーチルやルーズベルトの、戦時リーダーシップは学ぶべき点が多い。明治憲法下政治体制の日本では、陸海軍の調整・統合は困難であった。日本の憲法体制や東條首相の力量等に関しては、反面教師として反省する必要があろう。

米国は人種差別が厳しい国家であった。黒人奴隷制度が日本の明治維新直前の時期まで厳然として存在していた。黄色人種日本人移民は土地所有や帰化が許されず、戦時中は強制的に収容所に入れられた。同じ敵性国でも、ドイツ系、イタリア系はこのような仕打ちを受けることはなく、ルーズベルト大統領が甚だしい人種差別論者だったことは知られている。

英国も帝国主義の大植民地所有国で、現在に至るも厳然たる階級社会だ。しかし、日本と同じ君主制、議会制政治体制をとる民主主義国である。明治維新後の日本にとって、英国は長らくお手本であった。明治四年、維新政府はオランダ人宣教師ギード・フルベック（フルベッキ）に「日本外交の模範をいずれにすべきや」と諮問した。フルベックは躊躇することなく「英国に」と答えた（中西輝政『大英帝国衰亡史』）。翌明治五年（チャーチル誕生の二年前）、岩倉具視、木戸孝允、大久保利通、伊藤博文ら米欧視察団は、ビクトリア英女王に謁見した。この使節団に随行した久米邦武は『米欧回覧実記』に、「この連邦王国（英国）は、（中略）形勢、位置、広狭、および人口は殆ど我邦と相対す。故にこの国の人々は、常に日本を東洋の英国と云ふ」と書いている。チャーチルが死んで五〇年後にも、『米海軍協会誌（*US Naval Institute Proceedings*）』二〇一五年一二月号は、日本を「アジアの英国（The Britain of Asia）」として、その存在意義を分析している。

英国の首相チャーチルが第二次大戦中、どのように国力の集中化を図り、陸海空軍を束ね、指揮したか。同盟国米国やソ連とどのように戦略を調整し統合したかは、我々に多くの示唆を与えてくれる。また、多くの人種差別と有色人迫害はあったが、思想・信条・言論の自由を建国の精神としてきた米国ルーズベルトのリーダーシップも我々の参考になろう。

歴史は、単なる過去の記録ではなく、未来創造のための意味、ないし教訓を引き出す格好の材料である。チャーチルの言葉に「歴史を遡って洞察すれば、するほど、より遠くの未来が見えて来る」というのがある。

チャーチルほど多く書かれた政治家は稀であろう。前半生の自伝としては、『私の半生』があり、第一次大戦を回顧した『世界の危機』(五巻)や『第二次大戦回顧録』(六巻)は自伝と言っていいものだ。自身の著作も厖大である。二〇年間かけて編集された全八巻の公式伝記もある。今も英国では、チャーチル関連本が次々と出版されているらしい。日本でも、翻訳も含めて多数の出版物がある。

本書は、チャーチルの人間的側面と、第二次大戦中の軍事指導体制並びにそのリーダーシップ、併せて世界を股にかけた東奔西走に的を絞って論考し、これに学ぼうとするものである。また、ルーズベルトのリーダーシップも併述すると共に、日本を指導した東條のそれも重複させて英米両首脳と比較する。ルーズベルト、東條とチャーチルを比較することにより、チャーチルの特色が浮かび上がると考えるからだ。

具体的には、①英三軍統合指導とその運用、②英米ソ間の戦略調整、③米英軍間の連合参謀長会議創設と活用、といった目標のため、チャーチルはどう行動し、また東奔西走したか。そして、④チャーチルの活動の基本を作った第一次大戦経験、⑤チャーチルの強力なリーダーシップを許した英国憲法とそれに基づく政治体制はどのようなものであったか、⑥チャーチルと、ルーズベルト、東條英機の比較、この六点が本書の主テーマである。

戦時内閣創設、国防省の新たな創設、国防相兼務による国家資源の集中運用と三軍掌握、ルーズベルトとの厖大な書信交換、Uボートの跳梁する大西洋を何度も横断しての直接面談、また米英軍首脳の連合参謀長会議による米英戦略の統合・調整、危険極まりない空路を経由してモスクワ、テヘラン、ヤルタへ飛んでのスターリンとの四回に亘る面談を行ったのがチャーチルだ。

チャーチルの第二次大戦指導に関しては、第一次大戦前後での商務相、内相、海相、軍需相、植民地相、陸相、空相、蔵相などの閣僚としての体験から得た指導力が大きく貢献している。チャーチルにとって、第一次大戦は、第二次大戦のための予行演習であったとも言えよう。これは、第一次大戦を海軍次官として乗り切ったルーズベルトにとっても同じであった。両者が第一次大戦時、閣僚級として活躍したのに対して、当時、東條は下級士官（大尉）で、大戦指導とは縁がなかった。人物の器・力量はもちろん、経歴にも雲泥の差があったことを知らねばならない。

東條の経歴や大戦指導の状況については、最終章で論述した。チャーチルの人物、経歴、戦略等の理解を深めるためである。

本書の刊行にあたっては芙蓉書房出版の平澤公裕社長に格別のご配慮を頂いた。記して感謝の意を表したい。

平成三〇年四月　伊丹市の聴雨山房にて

谷光　太郎

英国の危機を救った男チャーチル❖目次

第1章　チャーチルの人間像

1　チャーチルとはどんな人物だったのか

大英帝国の衰亡と重なるチャーチルの九〇年の生涯

ソ連との冷戦が終って以降、チャーチルに対する厳しい見方が現れていることも事実だ。例えば、英歴史家ジョン・チャームリーは「チャーチルは英国の歴史的国益を損なった英国衰亡の大責任者であったのではないか」と言う（*John Charmley, Churchill: The End of Glory*, 1993）。英国衰亡の責任をチャーチル一人に負わせるのは酷だが、第一次と第二次の両大戦にチャーチルが深く関わったことは事実だ。第一次大戦勃発から第二次大戦終結の一九一四年より一九四五年までの三〇年余りの間に英国が支出した軍事支出の総額は、四〇八億四五〇〇万ポンドで、同じ期間の国民所得総額は一五八四億九九〇〇万ポンド。この三〇年間に亘り英国は平均して国民総所得の25％を軍事費に費やしたことになる。その頂点は、第一次大戦では一九一七年の67・0％、第二次大戦では一九四四年の61・2％であった。

第一次大戦勃発の一九一四年以前に蓄積し、大戦終結の一九一八年以降に何とか再建した海

チャーチル首相

外資産の大半を英国は第二次大戦で失った。第二次大戦勃発の一九三九年以前は、英国の対外債務は金・外貨準備高に十分見合っていたが、第二次大戦終結の一九四五年には、対外債務は金・外貨準備高の数倍に達した。第二次大戦の五年間で一一億二〇〇〇万ポンドに相当する英国の海外資産が売却され、債務は四億七〇〇〇万ポンドから三三億六〇〇〇万ポンドになっていた（中西輝政『大英帝国衰亡史』）。両次大戦で莫大な戦費を投入し、そこから得たのは「戦勝国」の名前だけだった、と言えなくもない。二一世紀初期の現在では、かつての大英帝国も、海外植民地を全て失い、欧州の一国に成り下っている。

チャーチルの九〇年の生涯は、大英帝国の衰亡と崩壊の九〇年と一致している。大英帝国を支えたのは、①優越した海軍力、②広大な植民地、③産業革命と商業立国の伝統による経済力（近代工業、金融、保険、海運）であったが、第二次大戦終了と共に、ほぼ消滅してしまった。

とは言うものの、二〇世紀の偉大な政治家を何人か選ぶとすれば、チャーチルがその中に入ることは間違いなかろう。特に第二次大戦での活躍は大きかった。チャーチルは、重厚、平静、高貴という古代ローマ人の美徳を持っていた、という歴史家もいる（チャールズ・L・ブロード）が、あながち褒《ほ》めすぎではあるまい。

英国の力を結集させ、米国ルーズベルト大統領と緊密に連携・共同し、強固な反共主義者にも拘わらず、独ソ戦が勃発すると、当面の敵であるドイツから自国を守るため、「敵の敵は味方」とばかりに、スターリンと手を組んで崩壊の崖っ淵に立っていた英国を救おうとした。闘志、不屈の自信、鋼鉄の意思、好奇心、稀有の行動力がチャーチルの特徴であるが、陰謀や裏切り、あるいは政敵の粛清といった暗黒面はなかった。性格は複雑でなく、単純であって、その言動から、陰険、狡猾、老獪を感じることはない。

彼は「議会の子」であり、九〇年の生涯のうち、落選で途切れたこともあるが、五五年間下院議員だった。順調満帆の議員生活だったわけではなく、陸軍を退官して出馬した一八九九年の初選挙では落選したし、第一次大戦後の一九二二年、二三年、二四年の選挙では三回連続で落選している。第二次大戦が勝利で結末を迎えようとする、対独戦勝利直後の総選挙では、彼が率いる保守党が労働党に敗れて挂冠（退陣）し、一九五一年の選挙で再び首相の印綬を帯びて四年間その職にあり、九〇歳の死の前年一九六四年に議員辞職した。

雄弁家で、下院では五〇〇〇回以上の演説を行った。演説は前もって推敲を重ねた入念な草稿を準備し、当意即妙な即興的なものではなかったから、後になって演説録を読んでも、理路整然として人の心を打つものが少なくない。

彼は文筆の人で、多くの著書や新聞・雑誌への寄稿を残し、その著『第二次大戦回顧録』により「歴史、伝記における卓越した叙述と崇高な人間的価値を擁護する輝かしい弁舌」と評価され、ノーベル文学賞を受賞したことはよく知られている。

彼は「戦争屋（War Monger）」と批判されたように、初級陸軍士官時代から、最前線での戦闘に出て、銃火の下を潜《くぐ》ることを熱望した。士官任官直後に赴いたキューバ内乱では銃弾がうなり、人馬が倒れるのを見た。その後のアフガニスタン国境に近いマラカンド峠でのパターン族の内乱鎮圧、アフリカのスーダンの内戦、南アフリカのボーア戦争でも実戦を体験した。壮年、老年になってからも同じで、第一次大戦中には海相を辞任して四一歳の陸軍少佐となってフランスに渡り、塹壕戦を目前に見た。また第二次大戦では、七〇歳の首相の身でありながら、自らの目でノルマンディー上陸作戦を観戦しようとしたが、これは国王から許しが出なかった。生涯で砲火を浴びたことが五〇回程あり、一五の戦争に記者として同行し、戦闘員として戦い、一四個の従軍章を貰った。

下院議員五五年間のうち、商務相（三四歳）、内相（三六歳）、海相（三七歳、一九一一〜一五年）、軍需相（四二歳：軍需省は第一次大戦中に創設された省）、陸相と空相の兼務（四四歳）、植民地相（四七歳）、蔵相（五〇歳）と閣僚を歴任し、六六歳で首相に就任した。第二次大戦後の一九五一年には七七歳で首相に再登板している。

英国ではチャーチルは人気がある。イングランド銀行は、二〇一六年九月から流通している新しい五ポンド紙幣の裏面にチャーチルの肖像が採用した（表面は今まで通りエリザベス女王）。英国の紙幣には、進化論のチャールズ・ダーウィン、経済学者のアダム・スミスなどが描かれており、二〇一六年以前の五ポンド紙幣には一九世紀に活躍した女性人権活動家エリザベス・フライの肖像が使われていた。政治家が紙幣に使われるのは異例だという。

帝国主義者、反共産主義者チャーチル

チャーチルは大英帝国の植民地を守ろうとした帝国主義者であった。彼は強烈な反共産主義者を通した。一九三三年二月、オックスフォード大学での学生による擬似議会に出席し、「日

本の満洲侵略をどう考えるか」と質問された際、「我々英国人がインドでやってきたことを、日本は支那でやっている。満洲事変は良いことである」と答えている（河合秀和『チャーチル』）。確かに、満洲族による清朝最後の皇帝溥儀の側近くに仕えた英人家庭教師レジナルド・ジョンストンが書いた『紫禁城の黄昏』（祥伝社）によれば、溥儀はジョンストンの助言で日本公使館に逃れ、日本の力を借りて父祖の地に満洲人の国を建設しようとしたのであった。日本は、溥儀の望む形で満洲建国を進めた。チャーチルと同様、多くの植民地を持つ英国に生れ育ったジョンストンによれば、列強が植民地経営に乗り出すのは別に悪いことではない。

チャーチルは、社会主義にも強い疑問を呈し、一九四五年のドイツ降伏直後の総選挙では、労働党が掲げる社会主義的政策の実行には、ヒトラー・ドイツのゲシュタポのような政治警察が不可欠だと、労働党を厳しく批判した。第二次大戦後の一九四六年三月五日、米国ミズーリ州フルトンで、いわゆる「鉄のカーテン」演説をして、ソ連を非難し「（我々の）ソ連との冷戦が（一年前までの）ドイツとの熱戦に代った」と訴えた。「鉄のカーテン」「冷戦」は当時の流行語になった。

彼の思想を分析すると、大陸合理主義（デカルト等の哲学者）と英国経験論（ベーコン等の哲学者）を考えてしまう。大陸合理主義は、人間の理性を尊ぶのに対して、英国経験論は、人間の理性はあまり信用できないもので、人間の本性の発露の積み重ねである経験を重視する。共産主義イデオロギーは、理性に基づき、社会はかくあるべしとする、願望的理想論であって、いわば、大陸合理主義の一つの流れではなかろうか。英国最大の哲学者デービッド・ヒュームの基本思想は「人間の理性は信頼するに足らない」だった。書斎の中、頭の中で構築した、理性と称するものを基準にした願望的思想・理念から生じたフランス革命を当時の英国人は犠牲が大きすぎるとして評価しなかった。共産主義革命も同様なものとして否定したのがチャーチルだった。

チャーチルは、人間の本性や特質、階級はそう変わらないものだとして、人間性の根本を考えようとしない急進的改革運動であるナチズムやコミュニズムを嫌った。華やかに見えたナチズムは第二次大戦の終結と共に消え、チャーチルが死んで二六年後の一九九一年には、一時人々を魅了することもあった共産主義国ソ連も崩壊した。

原爆に関して、実験が米国で成功した当初、チャーチルには人類の滅亡などというような深刻な考えはなかった。

一九四二年五月の第二回ワシントン会談でのチャーチル・ルーズベルト会談で、暗号名チューブ・アロイス（Tube Alloys）と呼ばれた原爆の開発に関して話し合っている。また、一九四四年九月の第二回ケベック会談でのチャーチル・ルーズベルト会談では、原爆開発の米英独占と対日使用が検討された、とも言われる（『新版日本史年表』、岩波書店、一九九〇年）。一九四五年七月一六日、米国ニューメキシコ州の砂漠で初の原爆実験が成功。その一カ月半前の六月一日にはスチムソン陸軍長官は、日本への原爆投下を大統領就任直後のトルーマンに進言していた。

英国陸軍参謀総長アランブルークは、その日記に、原爆実験成功を聞いた時「チャーチルは、（敵対関係になり始めた）ソ連の産業中心地、人口稠密地帯をこれによって一掃出来るものと考えているようだった」と書き、チャーチルがまるで子供が新しい玩具を買ってもらった時のように有頂天になっている姿を見ている。

歴史家ポール・ジョンソンは、「原子爆弾が間に合っていれば、チャーチルはドイツに対して間違いなく使っただろう」と言う。ただ、上述の米国ミズーリ州フルトンでの「鉄のカーテン」演説時には、原爆の人類への深刻さを述べているのだが……。

2　ありのままのチャーチル

チャーチルの政治家としての偉大さは万人が承知している。しかし、我々を魅了させるものは、抽象的な形容詞による讃仰、彼の言動から抽出された普遍的教訓・法則、あるいは戦略論、国際連携論といった思想だけによるものだけではない。日々の好みとか言動あるいは、些細な欠点と言えるものでも、かえって魅力の一つになることが多い。

大英帝国時代の大宰相ディズレリーは、「歴史等読むべきでない。ただし、伝記を除いては。と言うのも、伝記だけが理論（セオリー）を含まない唯一のまともな歴史だから」と言ったと伝えられる（中西輝政『大英帝国衰亡史』）。

歴史的事実の中から、一つあるいは複数の法則ないし普遍的原則を見出そうとする試みは意義なしとしないが、これを試みる人の価値観や歴史観に大きな影響を受ける。ある歴史的事実も、評する人によって肯定的に看做《みな》されたり、否定的に考えられたりする。だから、特定の価

チャーチル

値観を排した個人伝記の有用性を、皮肉を込めてディズレリーは言ったのだろう。

チャーチルは、側で仕えた秘書官によれば、烈火のように怒ることがしばしばだった。時には秘書官も胆を潰すこともあったが、長くは続かなかった。チャーチルに全く縁がなかった美徳、それは忍耐だ、と言う人もいる。欠点を一つ挙げれば、細かいことに口を挟み過ぎることだった。閣僚や国防省事務局長のイズメイに絶えず送りつけられるメモ類がそうだ。海軍省に掲げられている旗が少々痛んでいて見苦しいと海相に直筆のメモを送ったこともある。これは、前任首相チェンバレンとは正反対だった。こんなことも、聖人君子ではなかったチャーチルを身近に感じる魅力の一つではなかろうか。

政治家としてのチャーチルの偉大さは後述するが、チャーチルを知るため、日常生活での具体的行動で、人によっては、眉を顰《ひそ》めるかもしれないが、それでも我々を魅了するものを見ておきたい。

葉巻と酒豪と大食漢

深夜まで仕事をするチャーチルは、朝起きるのは遅く、ベッドで朝食をとり仕事もする。政府関連書類を見て処理することはもちろんだが、口述速記者をベッドの横に坐らせ、自分の考えなどを文書化することが多かった。秘書官達は、ベッドの回りに散らばる不要となった紙片を屑箱に入れ、必要な書類は整理し、書類箱にまとめるのが日課だった。

起きるとすぐ葉巻に火をつける。太い葉巻はチャーチルのトレードマークだ。葉巻なくしてチャーチルは語れない。葉巻の味わいを左右するのは吸い口のカットのやり方だ。大きくカットすると味は薄くなり、小さくすると濃くなる。カットは専用のカッターを使用し、匂いが移ってしまうオイル・ライターでの点火は厳禁。無味無臭の着火がコツで、特注の特大マッチを使った。一本の葉巻を味わう目安は約一時間。一日に八本から一〇本。自宅には、葉巻用の部屋も作った。チャーチルが葉巻と昼寝を覚えたのは、任官直後のキューバ内乱観戦時だった。以降、葉巻と午睡はチャーチルから欠かせないものとなった。第二次大戦中、午睡は午後五時ころから夕食までの間に必ずとっていた。

チャーチルは大酒呑みだった。午前中に、まず、ドライ・シェリーをグラス一杯飲み、昼食時に赤ワインかグルゴーニュー産のワインを小さなコップで飲む。午後になると、ソーダ割りのウイスキー。夕食には、ポートワインから始まってシャンパン、最高級のナポレオン・ブランデーが出る。夜の時間はハイボール。毎日、水かソーダで割ったウイスキーかブランデーを大量に飲んだ。戦時中の海外出張には、シャンパンの大瓶の詰まった木箱が運び込まれた。

ルーズベルト大統領との会談でホワイトハウスに泊まる時には、ホワイトハウスの執事に「朝食前に部屋にタンブラー一杯のシェリー酒、昼食前にはソーダ割りのスコッチ・ウイスキーをグラスに数杯、夜寝る前にはフランスのシャンパンと、一八九〇年物のブランデーが必要だ」と注文している。

戦後、ギリシャの海運王オナシスに招待され、クルージングを楽しんだ後、邸宅の大広間で談笑の折、「これまで飲んだウイスキーとブランデーを合計すると、この大広間から溢れると思う」と、一日どれだけ飲んだかを詳しく語った。大げさだと思ったその場にいた者が、大広間の空間を計り計算してみると、チャーチルの言う通りだった、との逸話がある。

チャーチルは健啖家でもあった。特に、ステーキ、舌ヒラメ、牡蠣《かき》を好み、食事の時には欠かさずシャンパンを飲んだ。常に、一流のコックを雇い、ワイン・セラーにはワインが常時詰まっている。チャーチルがピクニックに行った時には、コールド・ミート、キャビア、温室栽培の果物、シャンパン等の詰まったバスケットが広げられる盛大な饗宴となった。

第二回ケベック会談に向うクイーンメリー船内での夕食会では、毎回、牡蠣やシャンパンが大量に出た。チャーチルに随行する秘書官の言葉で言えば、昼食、夕食とも、量はガルガンチュア（大食漢）的で、質はエピキュリアン（美食家）的だった。ある日の夕食会の献立は次のような物だった。

牡蠣、コンソメスープ、ヒラメ、七面鳥の炙り肉、カンタロープメロン（南欧産）、アイスクリーム、スティルトン・チーズ（英国産）、多種多様の果物、カップケーキなど。飲み物はシャンパン（一九二九年物）、ラインの白ワイン、一八七九年物のブランデーの銘柄。

凡庸な絵を描く日曜画家

第一次大戦中のダーダネルス海峡作戦が失敗に終わり、海相の座を降り、失意の淵に立った時、五歳年下の弟ジャック一家と、ある農場を借りて滞在したことがあった。弟の妻が庭で水彩画を描いているのを見たチャーチルが興味を示したので画材を貸すと、水彩画がすっかり気に入った。さっそく、油絵具、カンバス、その他一式を取り寄せた。すっかり絵画に夢中になり、政治、家族、文筆に次いで情熱を注ぎ込む対象となり、息抜きの方法となった。絵画によって、活力を取り戻したチャーチルはフランスに陸軍少佐として渡り、一九一五年一一月から翌年五月まで、最前線の塹壕戦も体験した。

チャーチルにとって、一九二九年に蔵相を辞任して（五五歳）から一九三九年に海相となる（六五歳）までは、不遇、落魄の一〇年間だった。第一次大戦の戦禍があまりにも大きかったので、英国内は平和主義一色に染まり、対独強硬論を叫ぶチャーチルに出番がなかった時代だ。チャーチルは生涯に約五〇〇枚の絵を残しているが、そのうちの半分は不遇の一九三〇年代に描いたものだ。チャーチルは日曜画家として有名である。筆者は、チャーチルの絵のカラー写真の何点かを見ただけだが、個性のない凡庸な絵だというのが感想。素人画家の通例なのだが、人物（肖像画や風景画の中の人物等）は描けなかったようだ。人物を描くには相当なデッサンの修業が必要である。しかし世の中には、素人画を描くのを趣味にしている人は多い。その意味でも、チャーチルが絵を描いたことは、人々に彼への関心と親しみを与えることとなった。

ノーベル文学賞を受賞した文筆家

チャーチルは陸軍の初級士官時代から、戦争の最前線に新聞特派員や戦士として出陣し、多くの記事を新聞社に送っていた。新聞、雑誌に書いた記事は数千に及び、著作は四〇点を超える。執筆量は一〇〇〇万語に近い。

チャーチルは、自著、歴史書を自らの記念碑と考えていた。第一次大戦回顧録とも言える『世界の危機』五巻は、一九二三年から一九三一年にかけて出版された。『第二次大戦回顧録』（全六巻）は、一九四八年に第一巻が出版され、一九五三年に完結した。この本の米国での出版権料は一四〇万ドルだった。一九五三年には『第二次大戦回顧録』によってノーベル文学賞を受賞した。受賞時点で、英語版は六〇〇万部が売れていたという。

また、チャーチルは六〇年の議員生活で五〇〇〇回以上演説したが、入念に推敲を重ねた演説草稿を作るのが特色で、いずれも議会演説集に収められている。

二〇世紀の人物の中で、著作、寄稿、演説録などの記録をこれほどよく残している者はいないと言われる。

家族に恵まれなかった不幸

チャーチルは一八七四年一一月、イングランド南東部ウッドストックのブレナム宮殿で生まれた。父ランドルフは保守党の政治家で、ソールズベリー内閣でインド相（三六歳）、蔵相（三七歳）に就任し、あたかも、大宰相ディズレーリの再来のように嘱望されたが、若くして落魄した。既に余命の限られた父にせめて旅の慰めを与えることで、父の異常な言動の発作（梅毒に罹っていた）と、英国での人目を避けるため、母は世界一周の旅に出た。一八九四年（明治二七年）、日清戦争勃発直後の日本に着き、一カ月ほど滞在して、箱根、日光、京都等を巡った。その年一二月にロンドンに帰国し、一カ月後に父は死んだ。チャーチルは士官学校時代だった。

父が死ぬと、母は二〇歳も年下の男と二度再婚した。これをチャーチルがどう感じたかは想像するまでもあるまい。当時の貴族社会の幼児は乳母に育てられるのが普通。その実質的母親とも言える乳母は早く死んだ。学業成績不良のチャーチルに父は何も期待せず、母にかまってもらうこともなかった。五歳年下の弟ジョンがいた。

「英雄色を好む」と言うが、チャーチルは例外で、異性への関心が薄かったようである。一九〇八年、三四歳でクレメンタインと結婚したが、それまでに女を知らなかったのでは、と指摘する歴史家もいる。チャーチルには、生涯、艶聞がなかった。これは、艶福家のフランクリン・ルーズベルトとは対照的で、堅物だった東条英機と似ている。

貞節なクレメンタイン夫人との間は琴瑟相和すものであったものの、家庭生活は必ずしも平穏なものではなかった。夫人との間には長男ランドルフ（一九一一年）、長女ダイアナ（一九〇九年）、次女サラ（一九一四年）、三女マリゴールド（一九一八年）、四女メリー（一九二二年）が生まれた。

チャーチルが溺愛した一人息子ランドルフは父の名声の重圧のためか、苦悩し、大成しなかった。イートンからオックスフォードに進学するも、中途退学。チャーチルに長く仕えた秘書官の一人は、「騒がしく、自己顕示欲に満ち、愚痴っぽく、ありていに言えば、不愉快な人物。理性的印象はなかった」と酷評している。傲岸、尊大で怒りっぽい性格だった。第二次大戦中の補欠選挙で無投票当選したが、以降は何度も立候補するが、落選続きだった。二度結婚したもののいずれも離婚している。

長女ダイアナは二〇代前半に最初の結婚に破れ、その後、外交官出身の政治家と結婚したが離婚。神経を病み、五四歳の時、大量の睡眠薬を飲んで自殺。

次女サラは、両親の強い反対を押し切ってコメディアンと結婚して不幸な結果になった。チャーチルはコメディアンの娘婿を終始嫌っていた。戦後、米国に渡って写真家と結婚するも、数年で別居。三度目の結婚をしたが、相手が急死する不幸を味わった。

三女マリゴールドは二歳九カ月で夭折。四女メリーはチャーチルの子供の中では唯一、平穏で安定した生涯を送った

大の映画好き

チャーチルの時代、欧米だけでなく、日本でも映画は娯楽の王様だった。

チャーチルも多くの映画を楽しみ、ジョン・フォード監督、ジョン・ウエイン主役の「駅馬車」といった西部劇を好んだ。第二次大戦中、大西洋を横断して米国に向かう船内でも映画を楽しんでいるし、週末ロンドン郊外の別荘で寛ぐ時にも映画で息抜きした。チャーチルと映画のエピソードを紹介する。

一九四〇年一二月一四日（土）と一五日（日）の休日には、ディチェリーの別荘（チャーチルの私邸）で映画を見た。一四日はチャップリンの「独裁者」（ヒトラーを揶揄した名作として知られる。一九三九年）だった。まだ英国では上映されておらず、皆が見たがっていた。チャーチルはじめ、別荘の夕食会に参加した人々は一同が大笑いした。一五日は「風と共に去りぬ」（カラー作品。一九三九年）。映像が素晴らしく、チャーチルは、「登場人物の強烈な感情表現に参った」と感想を述べた。

面白くなくて、途中で出たこともある。一九四一年七月二〇日（日）、チェカーズの別荘（歴代首相の公的別荘）で「市民ケーン」を見た。チャーチルは退屈して、終了を前に部屋を出た。これを一緒に見た秘書官も、実に下らぬ映画だと日記に記している。主役の俗悪ぶりに、

英国貴族のチャーチルも秘書官も辟易したのだろう。この映画は米国の新聞王ウイリアム・ハーストがモデルで、オーソン・ウェルズが監督・主演している。今も名作との評判が高い。二〇〇七年六月、米国映画協会は、最も優れた米映画ベスト１００を発表。第一位が「市民ケーン」、「風と共に去りぬ」は四位だった。その一〇年前も第一位は「市民ケーン」だった。

一九四一年五月二四日（土）には、チェカーズの別荘で「妖花」（一九四〇年の米映画、主演マリーネ・ディートリッヒ）、翌日の日曜には「西部魂」（一九四一年の米映画）を楽しんでいる。

筆者も西部劇ファンで「駅馬車」はＤＶＤで何回も見て来た。「独裁者」、「風と共に去りぬ」、「市民ケーン」もＤＶＤで時々見る。チャーチルがこの映画に御満悦だったのか、あの映画に大笑いしたのか、南北戦争時代が背景の「風と共に去りぬ」の女優（ビビアン・リー等）や男優（クラーク・ゲーブル等）の「登場人物の強烈な感情表現に参った」と言ったのか、あの名作「市民ケーン」に退屈したのか、と思うと、チャーチルがすっかり身近の人に感じる。

３　チャーチルと東條英機のリーダー資質の違い

第二次大戦中のチャーチルは六〇代後半の高齢であったが、ワシントン、ケベック（カナダ）、モスクワ、北アフリカ（カサブランカ、カイロなど）、テヘラン（トルコ）、ヤルタ（ソ連）、ポツダム（ドイツ）と東奔西走した。大戦時、国内外に関わる課題山積の激務の中、一九四二年には三回（ワシントン二回とモスクワ訪問）、一九四三年には四回（カサブランカ、ワシントン、ケベック、テヘラン訪問）、一九四四年には二回（ケベックとモスクワ訪問）という海外出張の多さだ。これらの第二次大戦中の危険を冒しての海外出張については、後に章を独立して詳述する。

Uボートの跳梁する大西洋航行や、独戦闘機に狙われる地中海沿岸やバルカン半島の飛行は危険であり、覚悟して国王に後任者（イーデン外相）を奏上して飛行機に乗り込んだこともある。

筆者は、チャーチルが東奔西走して、ルーズベルトやスターリンと直談判する彼の『第二次大戦回顧録』や諸戦史を読み、少年時代に熱中した血湧き肉躍ると形容された少年冒険小説を思い出した。ホワイトハウスを宿舎とし、またルーズベルトの私邸で懇談して泊まることなど、戦時中の両者の信頼・友好関係が知れてうらやましい限りであった。中近東の上空を経てモスクワへ飛ぶ空路、スターリンとの息詰まるやり取り、ソ連要人の豪勢な別荘のエピソードは興味津々であった。

日本の陸海軍は互いにいがみあい、両軍の軍政・軍令（作戦）共に調整組織もなかった。東條首相は、陸相を兼務していても陸軍作戦に口出しできず、海軍関係には一指も触れられなかった。大西洋横断中の一週間、チャーチルと英軍参謀長が船内で連日、戦略・戦術に関して密度の濃い討論を繰り返し、必ず文書化した結論を出していく姿に、筆者は戦時中の東條首相の権限のなさと力量不足を考えてしまった。チャーチルは、しばしば大西洋を渡って、ルーズベルトと直談判するだけでなく、連日のようにルーズベルトと書簡による情報交換をしているのにも、戦時宰相はかくあるべし、と後世の人々は考えるであろう。

第二次大戦で強力なリーダーシップにより英米を指導したのはチャーチルとルーズベルトだった。ルーズベルトは国家元首、三軍の最高指揮官、行政府の長であって、期間を限定された独裁者だ。チャーチルは国家元首ではないが、行政府の長であり、重要閣僚による戦時内閣を主催し、自ら国防相を兼務。三軍の参謀長を指揮する実質的な最高指揮官である。これに対して、東條は国家元首でないのはもちろん、三軍の最高指揮官でも行政府の長でもなかった。閣僚（国務大臣）は直接天皇に責任を持ち、国務大臣の一人である首相は内閣の顔として組閣を行うが、閣僚の中の一員であって、他の閣僚に指示・命令はできない。東條首相は陸相を兼務することにより陸軍軍政関係は掌握したが、いわゆる統帥権の独立で陸軍作戦関係は天皇に直結する参謀本部の所轄でタッチできない。しかも海軍関係には一指も触れられなかった。

近代戦では陸海空軍が個別独立的に作戦を行うことができないことが多い。ちなみに、独軍、英軍には空軍が独立していたが、米軍、日本軍には陸海軍に航空隊はあったが、空軍はなかった。米軍に空軍が創設されたのは、第二次大戦後である。

長期的な国家総力戦では、①三軍の作戦調整、②三軍に係る国家資源配分調整が不可欠になった。英米は①に関して統合参謀長会議（ＪＣＳ：Joint Chiefs of Staff）を、英米両軍関連作戦に関しては連合参謀長会議（ＣＣＳ：Combined Chiefs of Staff）を創設し、②に関しては、行政府の長としてルーズベルトとチャーチルが強力なリーダーシップを揮った。

チャーチルは、ロンドンの財務省地下にある、粗末で狭い地下の戦争指導室に戦時内閣閣僚や三軍の参謀長が一緒に泊まり込んで戦争指導する体制を取っていた（『文藝春秋』二〇〇七年六月号「昭和の陸軍」)。

日本には陸海軍の調整機関がなかったし、国家資源配分に関しても陸相と海相が対立して調整ができず、最後にはパリチー(陸海同量)とお茶を濁すよりほかなかった。太平洋での戦いであって、主役は海軍にもかかわらず、アルミ、鉄など重要資源は陸海ともに譲らず、結局、同量(パリチー)で決着をつけるしかなかった。資源に乏しい日本では、重点配分が不可欠にもかかわらず、それができなかった。

国内にいる時、チャーチルは戦争指導室の一室にマップルーム(地図室)を用意し、最新情報を書き込ませる。航海中は船内に、あるいは海外では宿所にマップルームを作らせ、ロンドンから絶えず送られてくる最新情報を明示させる。地図上では、色分けしたピンを刺して一目瞭然に分かるように工夫した。マップルームの大地図の前に立って、時期作戦や今後の戦略を沈思黙考する。チャーチルのマップルームに影響されて、ルーズベルトもホワイトハウス内にマップルームを作らせ、日に一回は必ずこの部屋に入るようにした。スターリンの執務室には六本の電話機があり、「こんなにも正確で、近代的な地図にはお目にかかったことがない」とルーズベルトの特使ホプキンスが驚くような大地図を壁面に張らせていた。

東條の総理官邸にも陸相執務室にも最新情報を記入した大地図はなかった。軍の統帥(作戦事項)を担当する参謀本部(陸軍)と軍令部(海軍)の作戦室にあるだけで、東條首相は入ることができない。

筆者は、チャーチルの第二次大戦中の東奔西走を調べているうちに、①戦争遂行のリーダーシップとは何か、②自国軍のみならず、同盟国軍との間の陸海空軍の作戦に関する調整とはどのようにして行われるのか、③二国間以上に亘る戦略形成の経緯など、を考えざるを得なかった。

チャーチルの海外出張には、豪勢な食事、シャンパン、ブランデー、ウイスキー、それに極上の葉巻がつきものだった。列車は特別仕立の王室用豪華列車（寝室、浴室、食堂、居間、書斎、通信室、下僕控室等あり）を利用する。必要に応じ、妻や娘が同道する。専属の口述速記者、タイピスト、下僕、それに三軍首脳部、情報関係者（暗号解読者など）を率いる大名旅行だ。日本なら首相が戦時中に、こんな大名旅行を三ヵ月毎に、それも国外旅行することは許されないだろう。チャーチルも驚く、後述する戦時下のソ連の首脳陣の豪勢な生活は考えものだが、戦時において、一国の指導者にはこれくらいのことは許されてもいいのではないか。雄大な戦略形成や、強力なリーダーシップにはこんなことも必要なのだ。

危険と重要な会談が待ち受けているにもかかわらず、チャーチルは海外に赴く時、夏休みが始まる小学生のように嬉々としていたと伝えられる。余裕綽々なのである。若い頃から戦争が好きでたまらない、というのがチャーチルだった。

対照的なのが東條だった。重責に押し潰された小心、几帳面な東條は戦争後半には逆上気味だった。東條にしばしば接していた朝日新聞記者高宮太平は言う。

「東條は貧乏だった。子供が多かった（男三人、女四人の七人）こともある。家産はなく、全くのサラリーマン生活だった。満州に赴任する時には、役所から渡された旅費だけでは足りないので親戚から借金して補った。陸相時代に建てた家も平屋で天井はベニヤ板。応接間も八畳あるか無しの小さなものだった。庭の半分は隣の神社からの借地だった。

東條は、その性格を知らぬ者の目にはよほどの悪党のように映じたものらしいが、実は悪党の仲間入りをするだけの資格のない几帳面な小心者だった。気に入らないことをいわれると、すぐ顔色を変える。正直といえば正直だが、図太さがなく、幅が狭い。

市井の正直な小心者が何かのはずみで逆上すれば、とんでもない事件を起したりすることがある。東條にとって、平時の陸相までは手におえるが、戦時の宰相と陸相を兼ね、最初は内相まで兼ねたのだから、その肩書の重さに逆上気味になったのではないか。逆上すればもちろん、恒常心を失う。恒常心なきときの判断が正常であるはずがない。『気違いに刃物』といっては酷にすぎるだろうが、それに近い心理になったのではないか。米国の屑鉄輸出禁止、工作機械輸出禁止、石油輸出禁止といった挑戦にかっとなった。かっとなるようでは兵家でない。恒常心を失った小心者としてはどうにもならなかった」

チャーチルと東條首相を較べてみて、戦争指導には強力なリーダーシップが発揮できる体制と、必要な資質を持つリーダーが不可欠なことが痛感される。チャーチルは、困難時にも、余裕綽々で不敵な闘争心を燃やすタイプ。余裕がなければ冷静・正常な判断が出来ない。

チャーチルが、最前線での戦闘を何回も経験し、蔵相や内相、軍需相、陸相、海相・空相といった多くの閣僚体験があるのに比し、東條は少年時代から陸軍の経歴のみ。陸軍のピラミッドを、孜々とした努力、努力の一筋で這い上がって来た人だ。弁の立つ博弁宏辞で、頭脳は犀利、目前事項の処理には思慮周密で万事に疎漏がないものの、長期的、大局的考慮は苦手だった。下級官僚であれば優秀だったであろうが、狭量で、多くの人材に見識や才能を発揮させる宏量大度な所がなく、一言で言えば政治家的資質はなかった。

第2章　乱世の政治家チャーチル

1　第一次大戦でのチャーチル

二六歳で政治家デビュー

政治家になるのが目標だったチャーチルは陸軍を辞め、一八九九年の補欠選挙に保守党から出馬したが落選。この年の一〇月、南アフリカでボーア戦争が勃発。戦争が三度の飯より好きなチャーチルは、モーニング・ポスト紙の特派員として従軍し、捕虜になったが脱走して生還、歓呼の嵐の中で帰国した。この一〇月二八日に留学のためロンドンに着いた夏目漱石が翌二九日の日記に「南亜より帰る義勇兵歓迎のため非常の雑踏にて困却せり」と書いている。

一九〇〇年一〇月の総選挙では自由党候補を破って初当選。翌一九〇一年二月、チャーチルは二六歳で下院に初登院した。一九〇四年五月、保守党を離れて自由党に鞍替えし、自由党政権の植民地省次官となる。自由党には一九二三年まで在籍し、再び保守党に復帰する。

以降、一九〇八年商務相（三三歳）、一九一〇年内相（三五歳）、一九一一年海相（三六歳）を歴任。商務相時代の三四歳の時クレメンタイン（二三歳）と結婚。

海相時代には、軍令部（海軍作戦本部）を創設し、七四歳のフィッシャー元帥を軍令部長に据えた。反対を押し切って、艦の燃料を石炭から重油に切り替える政策を断行したが、その後、世界中の海軍で石炭を燃料とする艦船はなくなった。フィッシャーにペルシャ湾の油田調査を命じ、この地帯の油田を確保した。アングロ・ペルシャ石油に投資（二〇〇万ポンド）して、戦時には石油の全生産量を英海軍に提供させる契約を作った。

英国で最初の暗号解読機関は一九一四年一〇月に設置された海軍省第四〇号室であるが、この時の海相がチャーチルだったことを特記しておきたい。

また、海相だったにもかかわらず、戦車（トラクターの操縦席を鉄板で保護し、大砲や機関銃を装備）を創案し、生産も軌道に乗せ、塹壕戦で膠着したフランス前線への派遣に尽力した。

軍令部（海軍作戦本部）の創設、艦燃料の石油化、戦車の実現と活用、暗号解読機関設置は、チャーチルの並々ならぬ慧眼と実行力を示すものであった。第一次大戦直後には、軍需相として戦時産業の平和産業化と、陸相として兵員の帰国や兵役解除に尽力した。

海相としてドイツに対峙

ドイツ皇帝ウィルヘルム二世の母は英ビクトリア女王の長女。この皇帝はビクトリアの最初の孫として誕生した。米海軍大佐マハンの『海上権力史論』（一八九〇年）を読んで感銘を受けた皇帝は「ドイツの将来は海上にあり」との信念を持ち、ティルピッツを海相に任命して海軍の大増強に励んだから、英国との間が険悪化していった。

一九一四年六月二八日、オーストリア皇太子夫妻がバルカン半島のサラエボで暗殺されたことがきっかけとなって、一ヵ月後、オーストリアはセルビアに宣戦布告。その後、ドイツはオーストリアに組して、英仏ロシアと開戦。ドイツの戦略は、元参謀総長シュリーフェンが策定したいわゆるシュリーフェン・プランであった。ドイツと国力が同等ないしそれ以上の露仏に挟まれているドイツは両国と二正面作戦を取れば、勝利の可能性はなくなる。このため、ドイツ軍の総力を西部戦線の右翼に集中して、中立国オランダ・ベルギーを通過させ、一気果敢にフランスに突入する。その間、兵力の薄くなった西部戦線左翼から仏軍が侵入したり、東部戦線からロシア軍が侵入しても已む無しとし、まず、全力で迅速果敢、一気呵成にパリを包囲して降伏を強いる。フランス降伏後は、返す刀で疾風枯葉を巻く如く、東部戦線にほぼ全兵力輸送し、全力で行動の鈍いロシア軍を撃つ、というものであった。

兵力の迅速な派遣には、モルトケ元参謀総長が苦心して整備した鉄道を利用する。しかし、開戦時の参謀総長小モルトケ（モルトケの甥）は、全兵力を西部戦線右翼に集中させるという大胆極まりない戦略の採用に躊躇して、シュリーフェン・プランと較べると少ない兵力を西部戦線右翼に投入した。このため、ドイツ軍はフランス領マルヌ川で仏軍の反撃にあい、戦線は膠着化した。互いに塹壕と鉄条網を構築して動けない。

ただ、東部戦線では、小モルトケは兵力を配置していたので、ドイツ軍のヒンデンブルグ司令官、ルーデンドルフ参謀長は、作戦参謀ホフマン中佐策定の巧妙な作戦により、タンネンベルグの戦いにおいてロシア軍を包囲殲滅した。これにより、兵力の余裕を西部戦線に送ったもののの、膠着化した西部戦線を突破することは出来なかった。戦線が膠着すれば、国力に劣るドイツの勝利は覚束なくなる。レマルクの小説『西部戦線異状なし』（一九二九年刊）は、西部戦

第一次大戦の頃の
チャーチル

線の膠着化で、ドイツ戦線に暗雲が漂うさまを記述したものだ。

海相チャーチルは、塹壕戦、鉄条網（有刺鉄線を張り廻らせた防御装置）戦を突破する兵器として、無限軌道のトラクターを鋼鉄板で防護し、機関銃や大砲を乗せた陸上巡洋艦（ランドクルーザー）を考え、秘密裏に開発・製造に尽力した。形が貯水タンクに似ていたので、「タンク」という暗号が使われ、それが後に一般的な名称になった。タンクの開発・製造に関しては陸軍には知らせなかった。

後に、チャーチル海相が主導したダーダネルス海峡のガリポリ半島奇襲上陸作戦が失敗し、チャーチルは海相を辞任して陸軍少佐としてフランスの前線に赴くことになるが、このタンクが西部戦線に現れたのは、チャーチルがフランス前線に赴任した後のことである。鉄条網を轟々と音を立てて踏み越え塹壕を越えると、ドイツ軍はパニックに陥った。

海軍力で英国に劣勢なドイツは、ユトランド海戦で引き分けとなって以降は水上艦の決戦を躊躇し、専ら新兵器潜水艦による英国の海上封鎖作戦に出る。食糧・石油・鉄鉱石、木材等の輸入が閉ざされた英国は手を挙げる寸前まで追い込まれた。優柔不断のアスキスに代って首相となったロイド・ジョージの強い指導力で、海軍軍令部の反対した護送船団方式が取り入れられ、何とか窮状を脱することができた。当時、米海軍次官だったフランクリン・ルーズベルトは、スコットランドとノルウェーとの間に水中機雷を設置し、ドイツ潜水艦が北海から大西洋に抜けられないようにするアイデアを考え、実行させたことも付け加えておく。

もともと、艦の両サイドのタンクに海水を入れて沈み、タンクの海水を排水して浮き上がるのが潜水艦だ。この構造と共に、水中では電池で動き主兵器に魚雷を使う潜水艦のアイデアは、英国からの独立を夢見るアイルランド人ホーランドが秘密結社アイルランド独立党からの資金援助で開発したものである。巨大な英海軍をやっつけるには水上艦では歯がたたず、水中を潜って魚雷攻撃する潜水艦が必要とホーランドは考えた。ドイツも、水上艦では英海軍に太刀打ちできないので、ホーランドの潜水艦原型を基にして改良を加え、実戦兵器として使用するようになった。これが、英国を苦しめたのは後の第二次大戦でも同じだった。太平洋戦争では、日本も米潜水艦の跳梁で、補給線が切断され国力の源を絶たれて足腰立たなくなった。

ダーダネルス海峡作戦の失敗

フランス戦線が膠着状態になった。この膠着状況を打破するため、チャーチル海相はガリポリ半島上陸作戦を考えた。

第一次大戦の火薬庫となったバルカン半島は、西にアドリア海、東に黒海に臨んでいる。黒海と地中海はボスポラス海峡（イスタンブールはこの海峡の町）とダーダネルス海峡を通じて結ばれていて、両海峡はドイツと同盟国のトルコ領内にある。地中海への入り口であるダーダネルス海峡を押えておかねば、地中海の制海権があやしくなり、油田地帯であるペルシャ湾への接近ルートも断たれる恐れがある。

ロシアは、輸出の半分、穀物輸出の九割を黒海から地中海に至る海上輸送路に頼っていた。北海経由の輸送路は冬季には大きな制約を受けるし、Ｕボートからの攻撃を受けやすい。第一次大戦勃発直後、トルコは中立を宣言したが、一九一四年一〇月末には連合国と交戦状態になっていた。トルコに近接するロシアはトルコの動きに警戒感を強めており、年末にはトルコに近いコーカサス方面に軍を進めていた。一九一五年早々、ロシアは英仏連合軍の支援を要請してきた。西部戦線は膠着化しており、陸軍は兵力を割くことができないので、海軍がトルコ方面で示威行動をしてはどうか、と陸相からの打診がチャーチル海相にあった。「インドへの道」に存在するオスマン・トルコ帝国は、帝国拡大に関心を向ける英国人にとって、古来より「ロマン」と領土欲の双方を掻き立てる存在であり、トルコを崩壊させ、背後からドイツを衝くというこの戦略構想はチャーチルにとって大きな魅力であった。

トルコはドイツの同盟国だ。まずトルコを降伏させ、中立国のバルカン諸国（ブルガリア、ギリシャ、ルーマニア）を味方につけて、ドイツを南方から攻めあげる。艦隊がダーダネルス海峡を確保してコンスタンチノープルに迫れば、トルコ政府は恐れて戦線から離脱することも考えられる。そうすれば、ロシアの海上輸送路を確保するのみならず、ロシアの背後からの軍事的脅威は軽減し、東部戦線へ兵力を移動しドイツへの圧力を高めることが出来る。トルコが戦線を離脱すれば、様子見を決め込んでいるバルカンの中立国に連合国への参戦を決意させ、オーストリア・ハンガリー帝国への圧力となろう。西部戦線の消耗が続けば、早期の勝利は望めないばかりか、戦争継続の国民意思そのものも挫けてしまう。西部戦線の泥と血の中での泥仕合から抜け出す一つの試みとして考えられたのがチャーチルのダーダネルス海峡作戦だった。

第二次大戦中、チャーチルは、フランス北部に上陸して一直線にドイツを攻めることを主張するソ連のスターリンや、米海軍トップのキングの主張に反対して、地中海やバルカン方面に上陸して、ドイツを南方から進撃する作戦を主張したがこの作戦と似ていた。チャーチルは、スターリンとの会談時、鰐《わに》の絵を描いて、硬い背中（ドイツ軍の駐留するフランス方面）より柔らかい腹（地中海やバルカン方面）への攻撃が望ましいと説明している。

軍令部長ジョン・フィッシャーはじめ、海軍制服組の反対を押し切っての実行を決意。

一九一五年一月、アスキス内閣はチャーチル案（ダーダネルス海峡作戦）を決定したが、陸軍の全面的協力は得られなかった。三月一八日に艦隊突入が決行された。海峡の幅は平均三マイルしかなく、至る所に機雷が敷設されており、両側には堅固な要塞が続いている。突入した英艦隊は機雷に接触し、両側からの砲撃の餌食になった。海峡入口付近で戦艦三隻を失い、派遣艦隊司令官から、両岸の要塞を攻略する陸軍の協力なくして作戦不可能との電報が入った。

このため、海峡の西に延びるガリポリ半島に陸軍を上陸させ、ここを占領して海峡制圧を図ろうとした。半島最南端に、英陸軍虎の子の第二九師団を上陸させ、この主力を援護する目的で、第二九師団上陸地点の北方にオーストラリア・ニュージーランド（ＡＮＺＡＣ）軍を上陸させた。しかしＡＮＺＡＣ軍を待ち構えていたトルコ軍による高所からの十字砲火の的となる。

以降、八ヵ月の作戦中、投入された兵力は五〇万人を超え、このうち二六万人の死傷者を出した。その年の末、夜陰に乗じて生存者を海上に救出する作戦が奇跡的に成功し、ロンドンでは「勝利への転進」と報道された。ガリポリ上陸作戦は、太平洋戦争中の「ガダルカナル戦」であった。アスキス首相の強い意志の不足と陸海軍の意見対立で失敗に終った。この作戦失敗は、首相の強いリーダーシップによる陸海軍の調整と、首相による統帥権（作戦樹立と作戦命令）の掌握が必要なことの教訓になった。

海相辞任、陸軍少佐に

作戦失敗の責任をとり陸軍少佐となって、チャーチルはフランスへ大隊長として赴任する。海軍大臣が陸軍少佐になって前線に出ることなど、昭和の日本軍では考えられない。同じように、海軍次官だったセオドア・ルーズベルト（フランクリン・ルーズベルトの遠縁で、後に大統領）が米西戦争の勃発で海軍次官を辞し、義勇騎兵隊を創設して陸軍中佐としてキューバで戦ったことと似ている。名門出身で、海軍関連に知悉し、自ら危険な戦場に出るのを好み、大統領になったセオドア・ルーズベルトとチャーチルには相通ずる点がある。ただ、両者間の親しい交流はなかった。

一九一七年七月、チャーチルはロイド・ジョージ内閣の軍需相に任命され帰国。軍需省は、労働力を含めた軍需品への資源配分を調整する部門である。ロイド・ジョージは、後に任命する陸相・空相と同様、チャーチルの行動力を期待しての任命であった。軍需相として、チャーチルは部下に対して書類での報告を義務づけ、報告の内容は一頁以内に収めるよう命じた。第二次大戦中のチャーチル首相は、自身の命令と配下からの報告は必ず文書で行うよう指示したが、軍需相としてのやり方は、後の第二次大戦の予行演習であったとも言えた。

更に、陸相兼空相、植民地相となった。第一次大戦が終了しての陸相時には、難しい復員業務にあたった。

第一次大戦の混乱で、ロシアのロマノフ王朝は倒れ、レーニン主導の共産革命政府が成立した。一九一九年三月、世界共産革命の参謀本部としての第三インターナショナル（コミンテルン）が創設され、翌年には英国で共産党、一九二二年には日本においても秘密裡に共産党が組織された。

2　第一次大戦後の政界とチャーチル

第一次大戦後、チャーチルは連続三回の選挙落選を味わった。一九二二年一一月総選挙ではロイド・ジョージ連立内閣の植民地相の現職だったが落選。次回の選挙（一九二三年一二月）、さらに一九二四年三月の補欠選挙でも落選している。

後に東京帝大経済学部教授になる河合栄治郎は当時、英国留学中だった。一九二三年一二月の選挙の際、ロンドンを離れ、チャーチルとローレンスが競っていた激戦区のレター市を訪れて選挙風景を見学した。チャーチルについて、「単騎、敵の牙城に肉薄する戦闘の気力には決して不足はないが、彼に欠けたるものは人の信頼を維《つな》ぐに足る徳操である」と感じ、開票日にチャーチル敗北の報を聞き、小気味よく思ったという（「在欧通信」『河合栄治郎全集』一七巻、産経新聞）。労働問題に関心を持っていた河合にとって、精力的に政敵党を攻撃するチャーチルには徳操を感じなかった。チャーチルは平時の能臣ではなく、乱世の梟雄なのだ。

この選挙で保守党二五〇議席、労働党一九〇議席余、自由党一六〇議席となり、マクドナルド労働党による連立内閣が一九二四年一月二三日に誕生。河合は「今日、マクドナルドが内閣を作った。そしてレーニンが死んだ。労働運動について記念すべき日である」と日記に書いた。労働党が台頭し、退潮分裂気味の自由党をチャーチルは脱党して、保守党に復党した。一九〇四年二八歳で保守党を飛び出し、自由党に移ってから二一年が経過していた。

一九二四年一一月の総選挙では、復党した保守党から立候補して当選し、ボールドウィン保守党政権で蔵相に就任、四九歳だった。首相官邸はダウニング街一〇番地、大蔵大臣官邸は隣の一一番地にある。このことが示すように、蔵相は閣僚中ナンバー2の要職である。

第一次大戦後の政界は、戦争成金の多くが保守党、労働者階級が労働党、中間的自由主義者が自由党を支持する三党時代になっていた。

自由党時代には、第一次大戦までに、商務相（一九〇八年、三三歳）、内相（一九一〇年、三五歳）、海相（一九一一年、三六歳）、軍需相（一九一七年、四二歳）を歴任、戦後は一九一八年に陸相（四三歳）となった。一九一七年七月二〇日に空軍設立法が議会を通過し、翌年四月一日に空軍が発足し、チャーチルは初代空相として陸相と兼務した。そして一九二一年に植民地相（四六歳）となった。

3　ドイツに参戦、第二次大戦の勃発

一九三三年一月三〇日、ヒトラー内閣が成立、ほぼ一ヵ月後の三月四日にルーズベルトが大

統領に就任した。翌三四年八月二日、ドイツのヒンデンブルグ大統領が没し、ヒトラーが首相と大統領を兼務し、総統となる。三五年三月一六日、ドイツは再軍備を宣言、以降、軍拡を始め、急速な軍備増大に励むようになった。

このようなドイツの動きに対し、一九三七年五月二八日に首相に就任したチェンバレンは宥和政策をとった。一九三八年九月五日、チェンバレンはヒトラーの山荘ベルヒテスガーデンでヒトラーと会談。ヒトラーはドイツ人が多数住むチェコのズデーデン地方のドイツへの割譲を要求。約二週間後の九月二二日、チェンバレンはゴーテスベルグにヒトラーを再訪問。ヒトラーはチェコへの強硬要求を提案した。更にその一週間後の九月二九日、英仏独伊の四ヵ国首脳がミュンヘンで会談し、ズデーデン地方のドイツへの割譲容認を決定。ヒトラーは「ズデーデン地方の併合がドイツの欧州における最後の領土的要求である」と語り、チェンバレン首相は、約束したのだからヒトラーは守ると信じた。「名誉ある平和を英国にもたらした」とチェンバレンはコメントして英国に帰り、熱狂的歓迎を受ける。

このようなチェンバレンの宥和政策を痛烈に批判したのがチャーチルだった。チャーチルはヒトラーの著作『我が闘争（Mein Kampf）』を読んでおり、ヒトラーの意図がこの本に現れている、と考えていた。当時、英国で『我が闘争』を読んでいる人は少なく、ヒトラーが英国にとって危険人物だと考える人も少数であった。第一次大戦の戦禍があまりにも甚大だった反動で、平和主義一色となっていたのが当時の英国だった。このため、戦争を避けようとするチェンバレンの動きは英国内では喝采で迎えられていた。しかし、翌年ヒトラーはチェコスロバキア全体を吸収してしまう。

チェンバレンは、チャーチルを粗暴な戦争屋の「行動の中に動機というものを自覚せず、自分の行動によって自分がどこに連れて行かれるかさえ分らぬ大きな子供」と考えていたようだ（ケンブリッジ大学の研究報告一九七五年版。大森実『チャーチル』）。

一九三九年九月一日、一五〇〇機の空軍と戦車を主力とする九個機甲師団を含む五六個師団がポーランドに侵攻した。九月三日、英仏はドイツに宣戦。第二次大戦の勃発であった。

チェンバレン

チェンバレン首相は、対独強硬論者のチャーチルを海相に任命せざるを得ず、九月四日、チャーチルは海軍省に初登庁した。翌九月五日、米国のルーズベルト大統領は中立を宣言。

4　戦時内閣の首相に

就任と同時に一日16時間働く

第二次大戦参戦と共に、戦時内閣を組織するチェンバレン首相は海相にチャーチルを据えたが、チャーチルは一貫してチェンバレンの宥和政策を批判しており、チェンバレンにとって政敵同然だった。ヒトラーのポーランド侵攻により、チャーチルの持論が正しいことが立証され、大いに声望があがったため、危機対応策として起用せざるを得なかったのだ。

チャーチルは第一次大戦時に海相として辣腕を振ったので海軍内での信頼は絶大で、全艦隊に「ウインストンが戻った」との喜びの信号が飛び交った。

海相に就任してからは、ほとんど毎日視察に出かけ、午後九時から一一時まで海軍省で会議を開き、それが済むと、口述筆記者とタイピストを使って書類を書きまくった。

一九四〇年四月九日、独軍はノルウェーとデンマークに侵入。英軍はノルウェーに兵力を差し向けたものの、作戦は失敗に終わった。

五月七、八日の両日、下院ではノルウェーでの敗戦について討議が行われた。チェンバレン首相の人気は著しく低下。与党長老で第一次大戦時の首相だったロイド・ジョージはチェンバレンの即時辞任を迫る。不信任投票の結果、わずかに政府側が勝ったが、与党議員の多くが不信任投票を投じた。チェンバレンは挙国内閣を組織しようと試みたが失敗。意中の後継者だったハリファックス外相に固辞されたため、チャーチルが選ばれ、首相の印綬を帯びた。ハリファックスは、一九一〇年に下院議員、一九二五年には爵位（子爵、後に伯爵）を得て上院に転じた。当時、慣習として貴族の上院議員は首相になれなかった。法律で定められていたのではなく、英国憲法がそうであるように、慣習でそうなっていたのでハリファックスは辞退したのである。

一九四〇年五月一〇日、チャーチルは首相に就任。奇しくも、その日の早暁、独軍はベルギー、オランダに侵入を開始していた。チャーチルは、翌日午前三時頃に日記を書いた。

「遂に、私は全局面に対して命令を発する権力を握った。運命と共に歩いているように感じた。そして、全ての私の過去の生涯は、ただこの時、この試練のための準備に過ぎなかったように感じた」

首相に就任すると、海相官邸から夫人と共にダウニング街一〇番地の首相官邸に移り、猛烈に働いて範を示すようになった。六五歳の首相は一日一六時間働いた。就任から数日もたたないうちに、簡潔な短いメモや指示を、緊急を要するものは「即日実行」(Action This Day)という付箋を付けて次々と発信。緊急の短い質問も無数に関係部署に送った。回答は迅速でなければならない。口述筆記秘書チームが組織された。

チェンバレンとチャーチルの両首相に首席秘書官として仕えたジョン・コルヴィルは次のように回想している。

「チャーチルの熱意の効果は、官庁街で直ちに現れた。チェンバレンの下では、平時と変らぬ速度で動いていた政府の各部局も、数日間のうちに切迫感が生まれ、実際に高官等が廊下を走るのが目撃された。いかなる遅延も許されなかった。電話交換手の能率も四倍は向上した。軍参謀課長や作戦部員達は毎日のように会議を開いていた。定時の勤務時間など消えてなくなり、それと共に土曜、日曜もなくなった」

日本大使館を訪れたチャーチルと重光葵大使

海相から首相になって直後にチャーチルは日本大使館の昼食会に出席した。

太平洋戦争中、外務省で通商局やアメリカ局の課長を歴任し、戦後は初代国連代表となった外交官加瀬俊一《としかず》は、第二次大戦勃発直前に駐英大使館に配属となった。大使は吉田茂(その後、大使は重光葵に代った)。加瀬は日本大使館員として、チャーチルの面識を得ておくことが重要と考えたが、それは容易なことではなかった。そこで、かねてから親しくしていた老ロイド・ジョージの伝手《つて》により、慈善団体が催したレセプションでチャーチル夫人クレメンタインに紹介された。そしてチャーチル夫人のはからいで、ロンドン市内の由緒あるクラブでチャーチルと対面することができた。チャーチルは「戦争では一度しか死なないが、政界では何度も生命を奪われる」といたずらっぽく笑った。二五歳で政界入りし、若くして下院議員に当選したものの、その後の浮き沈みが激しかったチャーチルらしい。

　前述したように、ドイツでヒトラー内閣が成立したのは一九三三年一月三〇日。ほぼ一ヵ月後の三月四日にルーズベルトが大統領に就任している。ヒトラーは首相就任二年後の一九三五年三月、ドイツの再軍備を宣言した。

　チャーチルの不遇時代だった一九三〇年代の英国は、第一次大戦の戦禍が未曾有であったことから、平和主義が流行しただけでなく、この考えが国民の多くの信条となっていたから、チャーチルがヒトラーに対する強硬策を主張しても孤立するだけだった。一九三六年四月の下院演説で、ドイツ軍事費に対応する英軍事費の不十分さを訴えたものの、反応は今ひとつだった。チャーチルはチェンバレン内閣の融和政策に反対していたため政界で孤立していたのだ。

　第二次大戦開戦時、駐英大使（後に東条内閣の外相）だった重光葵によれば、当時英国の政権を担っていた保守党には二つの流れがあった。一つはチェンバレンを筆頭とする純正保守系であり、もう一つはチャーチル一派の自由保守系で、二つの間には相当の違いがあった。前者は英国伝統を維持しようとする実際的、局地政策派。後者は米国と連繫しようとする理論的、世界政策派ともいうべき存在だった。

チャーチルは、英国と独伊とは到底両立できず、遠からず衝突する、そのため自国はもちろん仏の軍備増強も必要だ、またソ連との関係も改善し、米国からの援助を受けるべくその素地を作っておくべき、という考えである。

これに対して、チェンバレンは次のような考えを持っていた。英独の衝突の危険は肯定しながらも、これを避けるためあらゆる手段を尽す必要がある。英国はあくまでも独自の欧州的立場を守ることが賢明。もし尚早にソ連、米国に信倚（信用して頼る）するにおいては、却って戦争を早めるに過ぎない。戦争は極力避けるべきで、大戦争は必ず英帝国の地位を動揺させるものだ。

チャーチルが海相になると、重光は五月一七日に日本大使館で祝宴を催すことにしたが、五月一〇日、情勢が急変しチェンバレンは内閣を投げ出し、後任にチャーチルが座った。その後の下院で「私が提供するものは、ただ、血と苦しみと涙と汗あるのみ」と演説していた。

祝宴当日の五月一七日、正午近くにコルヴィル首席秘書官から、「首相は昨夜、パリに飛び、今朝帰った。目下、閣議中なので少々遅参するがあしからず」との電話が加瀬二等書記官（軍で言えば中佐）に入った。チャーチルは戦況不利で周章狼狽しているパリに飛び、早朝に急遽ロンドンに帰り、緊急閣議を開催していたのだ。

定刻の一時をやや過ぎる頃、例の太い葉巻をくわえて日本大使館にやって来た。緊急閣議を終え、その足でやって来たのだ。食卓につくとすぐに「昨夜はえらい目に遭った。実は、マジノ線（フランス国境に構築されていた防御要塞線）が突破されましてね」と平然と言った。マジノ線とは一九二二年に仏陸相アンドレ・マジノが提唱した要塞線で、一九二九年から工事が始まり一九三八年に完成、スイス方面からベルギーの手前までの七六〇キロに及ぶ難攻不落の現代版「万里の長城」であった。ただ、この長城はベルギー近くで終っており、独軍はその北側を迂回してフランスに侵入したのだ。北フランスに独軍機甲部隊が侵入したらしいとの噂は聞いていたが、主客一同が驚き、宴席にいたコルバン仏大使はショックで顔色を失っていた。

日本大使館でのチャーチルは、形勢が切迫しているにもかかわらず、悠揚迫らぬ態度だった。平素と変らず、不敵な闘争心を眉間に凝結させて、よく飲み、よく喰い、よく談じ、笑った。宴が終ると、大使館所蔵の壁間の名画（日本画）を鑑賞して、葉巻の紫煙を残して、にこやかに悠然と辞去した。後に、加瀬は「この日のチャーチルこそ、彼の真面目を発揮したものと言えよう」と書いている。

加瀬によれば、チャーチルは信念があったから傲岸だったという。

「チャーチルは世界史の巨人だったが、それだけではなかった。私（加瀬）はこれほど魅力ある人に会ったことがない。後の、歴史書の著作によって、ノーベル文学賞を受賞しただけに、博学であったうえに、機知と胆力に溢れていた。チャーチルは多くの有益な言葉を残したが、その中に『坐ってもよい時に立っているな。横になってもよい時に坐っているな』という箴言がある。チャーチルは我儘で、ふてぶてしい程、横柄になれたが、怠けるのが好きだった」（加瀬俊一『あの時「昭和」が変わった』）

チャーチルが日本大使館を訪れて一ヵ月後の六月一四日、パリに独軍が無血入城した。

一九四〇年九月一八日には、朝日新聞記者がダウニング街一〇番地を訪れ、コルヴィル秘書官と会った。コルヴィルは日記に「いかにも日本人流に、本当のことはどうでもよいらしく、首相と握手したとか、その鷹のような鋭い眼光が印象的だった、等の記事を書くつもりだ、と言った」と記している。関連記事は九月二一日付朝刊に出ている。「取材していたところ、偶々、炯々たる眼光の首相が現れ、記者ににっこり挨拶した」というような内容である。

チャーチルを日本大使館に招く手配をした加瀬二等書記官は、松岡洋右秘書官としてロンドンを離れることとなった。大使館での送別の宴は、ベルリンで日独伊三国同盟が調印された日に行われた。離任に際し首相官邸を表敬訪問した加瀬に、コルヴィル秘書官を通してチャーチル著『マールボロー大公伝』（全4巻）が贈呈された。加瀬は帰国後の一一月末、松岡外相秘書官となって、高等官三等（軍ならば大佐）に昇進した。

チャーチルが首相に就任してからほぼ一年後の一九四一年六月一一日、重光は、駐英大使離任に際して首相官邸を訪れた。この時の様子をコルヴィルは「足の不自由な駐英日本大使重光葵（重光は隻脚だった）が首相に離任の挨拶をした。重光が親英派であることは知られており、それが理由で本国に召還されたのだと思う」と日記に書いた。

核心を衝いたチャーチルの松岡外相宛書簡

松岡洋右外相（在任一九四〇年七月～四一年七月）が率いる欧州視察外交団は一九四一年三月一二日、独伊訪問の途につき、秘書官の加瀬俊一も同道した。

外相自らドイツ占領下の欧州を見聞し、特に独軍の英本土上陸が実際に始まろうとしているのかを知るためだった。英国が本土防衛に専念せざるを得ず、もし日本が東アジアの英国領を攻撃しても、これらの地域に兵力を向けられないかどうかも松岡の重大課題の一つだろうとチヤーチルは考えた。松岡は一四歳から二一歳まで米国西部で苦学（オレゴン大卒）し、反米の思いと共に、ナチスの運動に強い関心を持っているとチャーチルは思っている。

三月二六日ベルリン着。翌日、松岡はヒトラーと密談二時間半に及んだ。その後リッベントロップ外相とは四回会談。この会談後、松岡外交団はローマに赴き、儀礼的にムッソリーニ首相と会談。そしてベルリンに戻り、モスクワに向かった。四月七日モスクワ着。モロトフ外相と三回会談を持ち、四月一二日にはスターリン・モロトフの両者と会談し、翌一三日には「日ソ中立条約」を結んだ。

条約調印が終ると、乾杯、乾杯で祝宴はいつ果てるともしれない。スターリンは自ら電話器をとって、松岡らが帰国する国際列車のモスクワ駅出発を延ばすよう指示した。モスクワ駅には、スターリンとモロトフが酔歩で松岡らを見送りに来た。スターリンはクレムリンの奥から離れず、群衆の前に現れることはなかったので、駅にいた群衆は驚いた。

チャーチルは、次のような一九四一年四月二日付書信をモスクワ駐在英大使館を通じて松岡に届けるように手配した。

①独軍が、制海権、制空権なくして、英本土への上陸を今年中に可能と思いますか。ドイツはこの上陸作戦を試みると考えますか。

②上記①の答えが判明するまで、待つのが日本の利益なのではありませんか。米国の英国への援助が英本土に着く前に、英国の船舶輸送を切断するほどドイツは充分で強力な力を持っているでしょうか。

③日本の独伊への接近は、多かれ少なかれ、最近の戦争に米国が参戦するよう働くのでは

ないでしょうか。

④もし、米国が英国側に立って参戦し、日本が枢軸国（独伊）側に立つとすれば、米英二国の海軍力優位の中で、枢軸国が日本に結合した力を向ける前に、米英二国は枢軸国を片づけることが出来ないでしょうか。

⑤イタリアはドイツにとって、力となるのでしょうか。重荷になるのでしょうか。イタリア海軍はお飾り以上のものではありませんか。

⑥本年末までに、英空軍は独空軍より強力になり、来年末までには、格段に強力になるのでは。

⑦ドイツ陸軍とゲシュタポ（独秘密警察）に占領されている欧州の人々は、時間の経過につれ、ドイツを好きになるでしょうか、嫌いになるでしょうか。

⑧一九四一年中の米国鉄鋼生産量は七五〇〇万トン、英国は一二五〇万トンで、両国併せて九〇〇〇万トンになることは、真実でしょう。第一次大戦と同じように、ドイツがもし敗れれば、七〇〇万トンの鉄鋼生産量の日本は、一国だけで戦うのは無理では。

以上のような質問の解答は、日本をして、深刻な悲劇を避けると共に、日本と二つの巨大海軍国英米との特徴ある改善促進を生みだすのではないでしょうか。

このチャーチル書簡は、モスクワ滞在中の松岡に届いた。松岡は帰国のシベリア鉄道に乗る前に、四月二二日付返信をチャーチルに送った。それは儀礼的な、意味のない返信だった。第二次大戦の終了後から考えると、チャーチルが松岡に伝えた日本に対する指摘が正鵠を射ているのに驚く。⑧に関して、当時の国力の源は重化学工業であり、その中心は鉄鋼業であった。「鉄は産業のコメ」とか「鉄は国家なり」と言われた。この鉄の生産量という目に見える数字で、英米と枢軸国の国力を比較して、ずばり核心を松岡に質問したチャーチルの見識を知るべきである。

松岡は、ベルリンでヒトラーやリッベントロップ外相と差しで会談していたものの、ヒトラーが対ソ戦を近く開始することは知らなかった。

松岡が帰国して僅か二ヵ月後の六月二二日、独ソ戦が勃発した。この開戦から一週間後の六月二八日、近衛文麿内閣の閣議があり、松岡は面目を失った。ヒトラーと密談し、リッベンドロップ外相と何回も会談していながら、ヒトラーのソ連侵入を知らなかったからだ。松岡は七月一六日に外相を辞任した。

第３章　強力なリーダーシップで戦争指導

１　第一次大戦時のロイドジョージに学ぶ

独裁色の強いロイド・ジョージの戦争指導

チャーチルの第二次大戦指導に関しては、自身海相であった第一次大戦における英国の戦時指導体制の経験が大きい。チャーチルは第一次大戦中初期のアスキス首相の優柔不断さを反面教師として、後期から首相となったロイド・ジョージの強いリーダーシップに学ぼうとした。

ここで、第一次大戦中の英国の戦争指導体制（ロイド・ジョージ体制）を略述し、第二次大戦中のチャーチルのリーダーシップの理解に供したい。

第一次大戦開戦時（一九一四年八月四日、英は独に宣戦）の英国首相はアスキスだったが、戦局の苛烈化に伴い、開戦二年五ヵ月後の一九一六年一二月にロイド・ジョージが首相に就任した。一九一七年一一月に空軍創設法案が議会を通過し、翌年四月には世界初の独立組織空軍（Royal Air Force）が誕生した。

前首相アスキスの不決断と、参謀本部（陸軍）や軍令部（海軍）の戦意の乏しさを知ってい

ロイド・ジョージとチャーチル

たロイド・ジョージは、戦時には強いリーダーシップが不可欠と考え、五人の閣僚による戦時内閣（War Cabinet）を、「内閣内の内閣」として創設した。戦時内閣の閣僚は首相、蔵相と三人の無任所相（戦争遂行のみに精力を注力する閣僚）で、行政は内閣の担当大臣が遂行し、軍事問題は参謀総長と軍令部長に意見を聞く。五人の戦時内閣閣僚は戦争遂行関連にのみ精力を集中し、戦争遂行に関わる全ての決定はこの戦時内閣閣議で行った。

　このように弾力的に戦争指導体制を変更できたのが、慣習法憲法下の英国だった。英国の国体（Constitution）に反しない限り、融通無碍に政体を運用できるのが英国憲法なのだ。最終章で詳述するが、硬直的に成文化された大日本帝国憲法（明治憲法）にがんじがらめになる中で悪戦苦闘を続け、いわゆる統帥権の独立で国務と戦務の統合ができず、海軍関係には一指も触れられなかったのが東條英機首相であった。

　毎朝行われるロイド・ジョージの戦時内閣閣議では冒頭に、参謀総長と軍令部長から最新の作戦状況の報告がある。報告が終ると彼らは退席を求められる。戦時内閣閣僚以外の内閣閣僚は、自分の省に関係する時だけ出席を許される。陸相、海相も同様で、軍務関係が議題になる時だけの出席である。また、陸相、海相の求めがなければ参謀総長、軍令部長は陸軍省、海軍省へ行けない。

　戦時内閣の閣議の決定は戦時政策委員会（War Policy Committee 一九一七年六月創設）に廻さ

れ、ここで政策が詳細な命令として文書化される。戦時政策委員会という形で政府首脳と軍事指導部が協議を行う公的組織を備えていたのは、第一次大戦の交戦国の中では、英国が唯一であった。ロイド・ジョージは、慣習的閣議や、時間を空費する行事を、強いリーダーシップで排除した。独裁色が強い分、当然のことながら反発もあった。

ドイツ打倒のための低コスト作戦

ロイド・ジョージは、欧州戦局では東部戦線を重視した。ドイツ打倒のための低コスト作戦は、西部戦線で攻撃を仕掛けるよりも、中部・東部欧州、バルカン、イタリアへの攻撃により、ドイツを包囲するのがベターとする考えである。これは第二次大戦中のチャーチルの戦略とほぼ同じで、西部戦線を重視するスターリン戦略、米海軍のキング戦略とも対立した。

スターリンは西部戦線に英米軍が上陸する第二戦線樹立を強く希望したものの、チャーチルは地中海、イタリア作戦をまず行おうとし、欧州大陸を鰐《わに》に例え、固い背中の部分より柔らかい腹を衝くことが低コストとスターリンに説いた。米のキング提督は北仏に上陸して一直線に独中枢部を衝くべし、と考えたが、チャーチルはイタリア、バルカン、東欧に兵を進め、ドイツを包囲すべし、と主張した。常に、欧州大陸全体の政治情勢を考えるのが英国の伝統ともいえる。

またロイド・ジョージは、陸海軍機構への不信を持っていた。ロイド・ジョージはオックスフォードなどの大学とは関係がなかったし、陸軍士官学校、海軍兵学校とも関係がなかった。軍隊に入隊するとすれば、一兵卒としての入隊となる学歴・経歴である。下から這い上がった者の常として、社会や軍の上層部へは疑惑の目を持ち、軍令部長ジェリコーや参謀総長ロバートソンには不信感を持っていた。参謀本部や軍令部は専門職意識に凝り固まっていると考え、ここを無視するようにして、陸海軍の若手将校から意見を聞く態度を取った。ジェリコーやロバートソンと対立しても、閣僚やマスコミは自分を支持するだろうという自信があり、参謀総長、軍令部長、戦争末期に創設された空軍参謀総長の専門的アドバイスを常に軽視した。

下層庶民の出身で、兵卒上がりだったヒトラーも、名門貴族出身者の多い参謀本部を意識的に無視する態度をとったと言われる。

チャーチルはもともと陸軍士官で、海相の体験もあり、軍事知識も十分あるため軍首脳を常に威圧できる自信があった。この点はロイド・ジョージとは異なるが、軍首脳をリードしようという強い意思は同じだった。

さらにロイド・ジョージは、国家的、国際的視点から、陸海軍の統合的運用、（フランスや米国との）連合的運用という信念を持っていた。すなわち、陸海空軍の全軍をロイド・ジョージが統括・命令するため蛮勇を振るい、連合軍の一員として英軍を考えていた。英軍の司令官を仏軍司令官の指揮下に置くことも躊躇しない。仏軍のレベルが高いのならその方がいいと考えていた。この点はチャーチルも全く同じだった。欧州軍最高司令官に米軍の司令官アイゼンハワーを任命するのを認めたのはチャーチルである。

柔軟に組織体制を変更するロイド・ジョージ

ロイド・ジョージ戦時内閣の五人のメンバーは雄弁家で論争に長けている。三軍の参謀長は臨機応変の弁術は苦手で、会議で自分の考えを口頭で表現するよりも、紙上で表現するのが得意だ。

一九一七年から一八年の冬にかけて、海のジェリコー、陸のロバートソン、空のテンチャードを更迭し、それぞれ政治的能力のあるウェミス提督、ウイルソン将軍、シーケス空軍少将に替えた。ロイド・ジョージが、カーソン海相やジェリコー軍令部長に不信感を持ったのは、彼らの遂行している対Uボート作戦がなっていない、と思ったからだ。ロイド・ジョージは護送船団方式が良いと考えるのに、海軍省や軍令部は「素人は黙っておれ」とばかりに、Uボート基地攻撃に凝り固まっている。米国からの輸送船団ルートが断たれれば、英国はお手上げとなる。ロイド・ジョージが少壮将校の意見を聞くと、彼らが高級将校のやり方に疑問を持っていることを知った。

一九一七年四月二三日の戦時内閣閣議に呼ばれたジェリコーは渋々護衛船団方式を導入すると言ったものの、海軍省で実際に動きがないことを知るや、ロイド・ジョージは二日後、海軍省に対Uボート作戦の抜本的変更を厳命した。

艦隊最高指揮官の軍令部長（First Sea Lord）と、作戦責任者としての作戦部長（Chief of Naval Staff）をジェリコーは兼務していた。この重責で戦略方針を考える余裕がなかったのだ。

一九一七年五月二日、チャーチル海相はロイド・ジョージ首相と相談して、軍令部長と作戦部長の職務を統合（combine）する軍令部改革を行った。第一次大戦直前の一九一二年に海軍軍事委員会（Admiralty Board）の諮問機関である海軍作戦部（Naval Staff）が創設されていたのだが、これをチャーチル海相は軍令部長補佐機関（Chief of Naval Staff of First Sea Lord）とし、軍令部長をして全艦隊最高指揮官と併せ、作戦関係の最高責任者とした。名称は昔からの軍令部長（First Sea Lord）の名を残した。

そして、従来軍令部長の任務だった建艦関係業務を外し、海軍省の建艦局に移した。建艦局長にはゲジス陸軍少将を海軍中将待遇で任命する。海軍省は陸軍士官が建艦局長になるのに反対したが押し切った。ゲジスは海軍省で辣腕を振い、一九一七年七月二〇日に海相となる。陸軍少将を建艦局長にしたり海相に任命することなど、昭和の日本海軍では考えられない柔軟さである。

作戦は軍令部長が担当し、海相は内閣における全政治的責任を負い、議会に対しては海軍のスポークスマンとする改編であった。

ここで、少し英軍の参謀本部や軍令部の歴史に触れる。いずれも、その源は情報蒐集機関であった。第二次ソールズベリー内閣の一八八六年に陸海軍共に正式の情報部が誕生した。また、軍事機構を検討したハーチントン委員会は陸海軍協議会の必要性を訴える答申書を提出した。これによって、陸海軍公式協議会（Joint Naval and Military Official Commitee）が一八八九年に創設された。

第三次ソールズベリー内閣では一八九五年に内閣国防部門（Cabinet Defense）とその事務部門である軍事事務局（War Office Council）が創設された。一九〇九年には陸軍参謀本部が Imperial General Staff の名称の下に整備され、一九一二年には海軍作戦部（Naval Staff）が創設されると共に、飛行機集団である飛行兵団（Royal Flying Corps）が創設され、これが空軍（Royal Air Force）の濫觴となった（主として *The Chiefs: The story of the United Kingdom*, by

Bill Jackson and Dwin Bramall, Brassey's 1992 による)。

最終章の東條英機のところで詳述するが、日本の軍事指導体制を改編し整えることは、明治憲法下では不可能と言ってよかった。明治憲法の改訂には、勅許による発議と議会の検討が必要であった。融通無碍の英国憲法（慣習憲法）と硬直的明治憲法（成文憲法）の差を改めて思い知らされる。

２　国防相を兼務、強力な軍指導体制に

チャーチルは国王の許しを得て、国防相を兼務した。チェンバレン戦時内閣閣僚九人を五人（チャーチル首相、ハリファックス外相の他、無任所相のチェンバレン元首相、それから労働党党首のアトリーと労働党副党首グリーンウッドの二人の無任所相。ハリファックスは一九四〇年一二月に駐米大使に転じたので、後任はアンソニー・イーデン外相）に減らし少数精鋭化した。戦時内閣は形式を排して、戦局の変化に従い機動的に運営された。一日に数回開催されたこともしばしばだった。

戦時内閣事務局長にはイズメイ陸軍少将が就任し、局長補佐にはヤコブ陸軍中佐が任命された。国防相の下に参謀長会議（Chiefs of Staff Committee）を創設して、三軍の統合的指揮（Combined Operations Command System）体制を固めた。イズメイは小柄で四角い顔をし、黒

く太い眉とボクサーのような低い鼻が特徴。パグという鼻のへしゃげた小さな犬がいる。この犬に似ているというので、〝パグ〟と愛称された。戦時中一貫して、チャーチルの個人的幕僚であった。ヤコブは祖父が陸軍大将、父が陸軍元帥という名門の出身で、後に陸軍中将になった。

英国の戦時内閣は、第一次大戦中の一九一六年二月にロイド・ジョージ首相によって創られた独特の組織である。法改正によるものではなく、国王の承認でつくったものである。

戦時内閣事務局長のイズメイをチャーチル付首席幕僚に兼務任命し、参謀長会議のメンバーの一員とした。これは、ルーズベルトが軍事参謀長のリーヒ（海軍大将で後元帥。第二次大戦中、ホワイトハウスにオフィスを持った）を統合参謀長会議の議長にしたのと同じ目的を持つものだった。リーヒは作戦関係や軍の人事に口を出さず、大統領との連絡役に徹した。英軍参謀長会議の事務局長にはホリス陸軍大佐を起用した。

軍の運用には運用（作戦）、補給（後方）の両面がある。国防相の任務は陸海空三軍の作戦、後方の調整が重要任務である。作戦は観念的な面が多く作戦樹立過程では紙上の作文と言っても過言ではない。これに対して後方は、具体的な人、物、金の配分であり、作戦と較べて調整はなかなか難しい。

チャーチルには、第一次大戦の海相時代、ダーダネルス海峡上陸作戦を実行し、アスキス首相の優柔不断や、海相として陸軍への指示が出せず失敗した苦い経験があったので、首相として国防相を兼務し、三軍参謀長を指揮できる態勢を取ったのであった。

チャーチルによれば、第一次大戦当時、将軍や提督は戦争について正しい判断を下すが、政

英国三軍の参謀長
左からアイアンサイド、ニューアール、パウンド

治家や官僚等の文民は皆間違えると信じられていた。軍人が尊敬され政治家は嫌われた。絶頂期のロイド・ジョージ首相すら戦争を効率的に遂行することが難しく、軍幹部を更迭するのに苦労した。第二次大戦になると、先の大戦で軍人が失敗を重ねてきたことが国民に深く浸透していたため、見方が逆転した。

一九三〇年代を通じて、正しい主張を続けてきたという評判を背景にチャーチルは首相に就任したのであり、実際に英国が危険な状態に追い込まれるようになって、彼の正しさが立証されていた。このため、よほどの理由がない限り、軍幹部の更迭に躊躇しなかった。ある軍の幹部を更迭した時、誰もいない閣議室を歩き回り、「自分の力を全員に思い知らせるんだ」と大声で怒鳴っているのが目撃されている。

国防省は、戦争遂行全体を指導していくのが目的で、配下にイズメイ陸軍少将を長とする少数のスタッフを抱えているのみの、戦時内閣の事務局とも言えるものだ。国防省という実際の役所はなく、陸軍省、海軍省、空軍省の三省はそのまま残っている。陸相イーデン（保守党）、海相アレキサンダー（労働党）、空相シンクレア（自由党）はチャーチルの言いなりの大臣だった。戦時内閣が方針を樹立し、この方針に基づいて、具体的な軍の作戦・運用は三軍の参謀長である陸軍参謀総長、海軍軍令部長、空軍参謀総長の三者で構成される参謀長会議で決定される。参謀長会議は一日に一〜二回開かれ、各戦場の司令官に命令を出し、戦略や戦争政策等の大きな問題について戦時内閣に助言する。

「これまで、首相や内閣の支持を得て、こんなに自由に直接的影響力を及ぼし得たシステムはなかった」とチャーチルは参謀長会議を評価し、できるだけ参謀長会議に仕事を委ねて、自分は一般的監督、示唆、指導を与えるに留めるようにした。一九四一年には、統合参謀長会議は四六二回、ほぼ毎日開かれ、チャーチルが司会したのは四四回だった。毎週一回は司会したことになる。

チャーチルは『第二次大戦回顧録』第二巻で次のように書いている。

「我々は、英国内で意見が必ずしも一致しないこともあった。しかし、私と英軍トップとの間では、互いに他を統御するのではなく、確信させ、説得させるべきだ、との一種の認識が醸成されていた。これはもちろん、同一の専門用語を喋り、軍事原則の共通するものと戦争体験を持っていたことによる。刻々と変化する情勢下で我々は一致団結して働き、戦争内閣は、分別と共に常に倦むことのない断固としたものを（参謀長会議に）付与したのである」

米国の場合、統合参謀長会議（マーシャル参謀総長、キング合衆国

第二次大戦中の英軍の各参謀長

	陸軍参謀総長	海軍軍令部長	空軍参謀総長
1939年 9月	アイアンサイド	パウンド	ニューアール
1940年 5月	ディル	〃	〃
1940年10月	〃	〃	ポータル
1941年12月	アランブルーク	〃	〃
1943年10月	〃	カンニンガム	〃

艦隊司令官兼海軍作戦部長、アーノルド陸軍航空隊司令官）を大統領が直接司会することは例外を除いてなく、議長のリーヒ海軍大将（後に元帥）が司会し、ルーズベルトとの連絡役となった。

チャーチルの命令は、例外なく文書で明快に指示した。口頭で命令した場合には直ちに文書で確認した。これは、チャーチルが第一次大戦中に海相、軍需相等の閣僚として始めた仕事のやり方であった。なお、第二次大戦中の英軍の各参謀長は前頁表の通り。

３　チャーチルと軍首脳との軋轢

チャーチルと三軍参謀長との関係は、チャーチルの強烈な個性もあって、必ずしも円滑ではなかった。純粋に軍事的な問題までチャーチルが異常な関心を見せることは、軍指導者には不満だったし、想像力を逞しくして新しい行動方針を絶えず追い求めるチャーチルを警戒していた。彼らによれば、戦争指導者としてのチャーチルの最大の欠点は、軍事専門家の専門分野まで無神経に入ってくることだった。

チャーチルと軍上層部との軋轢は、第一次大戦時の海相時代にも現れていた。原因は、その強引で精力的な動きとアイデアの噴出にあった。一九一一年に三七歳で海相に就任し、四〇歳の一九一四年に第一次大戦が勃発。当時の軍令部長はルイス・バッテンベルグ。英国生まれでなかったし、その名前からしてドイツ系と思われ批判の嵐を受け辞任。マウントバッテンと英国風に改名。その長男が、第二次大戦中に東南アジア軍司令官になったマウントバッテンである。

チャーチルは、バッテンベルグの後任に周囲の反対を押し切って一九〇二年から八年間軍令部長を務めていた、当時七四歳の海軍長老フィッシャーを任命した。しかし、数ヵ月も経たないうちに綻びが生じ始めた。チャーチルとの議論で自分の意思が通せないことに不満が募っていたフィッシャーは、ダーダネルス海峡突破作戦についても、当初は沈黙していたものの、次第に反対の態度を鮮明にするようになった。この作戦の失敗がチャーチルの海相罷免に繋がったのは前述した。とにかく、チャーチルの精力的な動きや、軍の専門分野に遠慮なく入ってくることに軍上層部が辟易したのは、第一次大戦でも第二次大戦でも同じだった。

左からポータル、アランブルーク、チャーチル、カンニンガム

陸軍参謀総長は、一九三九年九月にエドモンド・アイアンサイドが就任。一九四〇年五月にジョン・ディルに代わった。パウンド海軍軍令部長とポータル空軍参謀総長は自軍に専念したので、否応なくディルが中心的戦略家にならざるを得なかった。ディルは、自分の考えをチャーチルと議論することは少なかった。健全な戦略家だが、注意深すぎて創造的インスピレーションにディルは欠けると、チャーチルは感じ始めた。陸軍内からの信望は厚かったが、パウンドやポータルのようにチャーチルと親密になれず、参謀長三人の中では、チャーチルの信頼が

最も薄かった。意見の相違もあったが、度重なるチャーチルの質問・疑問が陸軍を誹謗しているようにディルには感じられた。イズメイ戦時内閣事務局長によれば「もう二度とチャーチルには仕えない」とディルは断言していたという。

チャーチルの信頼を失ったディルは、第一回ワシントン会談（コードネーム、アルカディア）の後の一九四一年一二月二五日、参謀総長の職を解かれ、英軍参謀米派遣団の団長としてワシントンに常駐して米軍との折衝の任に当たることとなった。米軍マーシャル参謀総長との間は親密だった。一九四四年にワシントンで客死し、アーリントン国立墓地に葬られた唯一の外国人となった。後任のアランブルークは、アイルランドと英国系の混じった家系に生まれ、南仏で育った。仏語、独語に巧みで、第一次大戦では砲兵将校として戦った。アランブルークはディルが陸軍内の信望の厚さから自分の後任にと推したのだが、チャーチルは信頼していないディルの推挙なので躊躇したものの、結局は受け入れた。アランブルークは一九四一年一二月末から五年間参謀総長のポストにあり、閑暇の合間にバードウオッチングに熱中する自然愛好家でもあった。

ジェームズ・グリック陸相は、「他のどの陸軍軍人よりも、また恐らくどの海軍・空軍軍人よりも戦争全体を見る目を持っている」とアランブルークを評した。幕僚長会議で一致した三軍の意見を戦時内閣に説明するのはアランブルークの役割であったものの、チャーチルとの間は一触即発の関係だった。アランブルークは一九四四年九月一〇日の日記に次のような辛辣なチャーチル評を書いている。

「チャーチルは事態の半分も理解せず、くだらないことばかり連発し、その馬鹿馬鹿しさに私の怒りは煮えたぎった。一人の人間を、これほど尊敬すると同時に軽蔑した経験はない」

人使いの荒いチャーチルに振り回されて過労死同然だった海軍軍令部長ダッドリー・パウンドの後任は、アンドリュー・カンニンガムだ。

パウンドは、朝八時三〇分から翌朝の二時三〇分まで仕事し、睡眠時間五時間のハードワーカーだった。昼食後、アームチェアーで二〇分うたた寝をする。チャーチルは朝八時から仕事を始め、昼になると寝室に入って一時間熟睡し、それから深夜まで執務する。パウンドも似ていた。ぶっきら棒で無口、笑顔を見せたことがなく、部下は取っ付きにくかった。参謀長会議では、海軍関係事項以外の時は目を瞑って極力休んだ。激務が健康を害し、一九四三年八月のケベック会談の際、右足の感覚がなくなった。脳に出来物が生じたからだった。九月、チャーチルに軍令部長辞任を申し出、帰国直後の一〇月に亡くなっている。

後任には温厚なフレーザーをとチャーチルは考えたが、フレーザーは辞退しカンニンガムを推挙した。チャーチルは個性の強い男は好まなかったのだが、小柄赤ら顔のカンニンガムは個性が強かった。連合参謀長会議では、米海軍のキングとは事ごとにぶつかり火花を散らした。キングはカンニンガムが挑発しているのだと思った。ワシントンの合衆国艦隊司令部に初めて挨拶に行った時、キングは木で鼻をくくるような扱いをしてカンニンガムを怒らせた。以降、二人はいつも角を突き合わせた。キングは「彼との間は厳しかった（I was very rough with him）」と言っている。陸軍参謀総長アランブルーク、空軍参謀総長のポータルと較べると、知識水準は低かったといわれる。

チャーチルは、資料を読み漁っては、厄介な質問を彼ら軍首脳部に浴びせる。彼らはしつこい質問攻めに辟易した。チャーチルの仕事パターンに合せるのも大変だった。仕事は夕食後に始まり夜明けまで続くのが普通で、三軍参謀長達には軍の仕事もある。早起きを強いられ寝る間もない。重い責任を負わされ、チャーチルから力でねじ伏せられ、そのストレスから不満がたまる。自分達のエネルギーと時間と忍耐に多大な要求を課すチャーチルに不満が募るのは当然だった。

空軍参謀総長は一九三八年以来シリル・ニューアールだったが、一九四〇年一〇月、チャールズ・ポータルと替った。長身、黒髪、鷲鼻、長い顔のポータルは、物静かでユーモアのセンスがある精力家で、知的能力と強い精神力を持ち、陸軍のディルや海軍のパウンドからも好かれていた。厳しい人物評で知られた米海軍トップのキングもポータルを高く評価していた。空軍参謀次長ウィルフレッド・フリーマンは空軍内部の調整と統御に励み、ポータルは参謀長会議に専念。チャーチルからの信頼も厚く、チャーチルはポータルの攻撃的かつ積極的なドイツへの空爆作戦を評価していた。

第二次大戦中チャーチルが秘書官達に与えたモットーは「へとへとになるまでやれ（KBO: Keep Buggering On）」だった。少なくとも三〜四人の秘書官とか口述筆記者がメモ、質問、書簡、議会演説の草稿作りと共に、決済書類の整理に追われ、チャーチルの指示が実行に移されているかを追跡し、調査資料を集めて報告する。矢継ぎ早にチャーチルから出されるメモを追跡して指示が守られているかを確認し、質問への回答を求めてデータを集めて回った。

短気なチャーチルと軍首脳部の連絡役になったのが国防省事務局長イズメイだった。イズメイは「自分の仕事は、首相の考えや指示を三軍参謀長へ通訳して伝え、次に彼らから首相へと通訳して報告する、その作業を繰り返すことだったと思う」と語っている。両者間を結ぶイズメイの不在時には、チャーチルと三軍参謀長との間の積年の怨恨が爆発しそうになったこともある。

チャーチルと三軍参謀長との間には、チャーチルの望むことを指示、命令、要望、示唆という形に翻訳する有能な補佐官が必要だったが、それがイズメイだった。イズメイは、戦後、NATO初代事務総長になった。

チャーチルに対するイズメイと同じような役割をルーズベルト大統領に果たしたのが、米統合参謀長会議議長のリーヒ海軍大将（後、元帥）だった。ただ、ルーズベルトはチャーチルのように直接的に軍をリードするのではなく、専ら統合参謀長会議の結論に委ねる態度をとった。米軍の参謀長は、陸軍がマーシャル、海軍がキング、空軍（陸軍航空隊）がアーノルド。陸軍参謀次長を兼務したアーノルドは無条件にマーシャルに従ったから、実質的に議論を戦わせたのはマーシャルとキングで、議長のリーヒは大統領との連絡役に徹した。リーヒは作戦上の責任はなく、スタッフを管理する必要もなかったし、組織的には一切の責任はなかった。大統領だけに仕える軍事補佐者だ。

チャーチルの軍首脳部への指示は全て文書で行われ、あるいは直後に即刻文書で確認されねばならなかった。決定を下したのがチャーチルとみなされる場合でも、国防に関する問題では、文書に記録されない限り、自分は如何なる責任も負わないとチャーチルは宣言していた。これはルーズベルト、ヒトラー、スターリンとは全く違った。彼らは口頭で指示することが多かったため曖昧に捉えられ誤解されることも少なくなかった。東條の場合は、下僚からの伺い書類に諾否を記し、自らこれを手帳にメモし事務処理の一貫性を図った。チャーチルのように、案件ごとの文書を自ら起草することはなかった。

後述するが、米国やカナダに向かう大西洋横断の船中で連日参謀長会議が開かれるが、検討議題に関してチャーチルは必ず口述した文書で指示し、会議の結果も必ず文書で報告させた。これは誤解や思い違いを排除するのに有効であった。

４　視野の広い戦略観による戦争指導

チャーチルの経歴の中で特筆すべきは、政治家としては珍しく何度も戦争・戦闘を体験していること、そして戦略史の研究・著作家でもあることだった。著書『マールバラ公伝』は、マールバラ公が指揮したスペイン継承戦争を論じたものだが、欧州各国の連合戦争研究と言ってよい。また『英語国民の歴史』のテーマの一つは南北戦争で、その大部分は第二次大戦前に執筆されていた。

「特定の作戦だけにこだわらず、もっと『広い』戦争全体図の中に置いて見る必要がある」とチャーチルは関係者に注意していた。戦いは、全体像と細部との関係を見極め、全体図の中に細部をあてはめていく。素人画家チャーチルは芸術家の遠近法を取り入れたのだと歴史家エリオット・A・コーエンは言っている。

それまで、戦略に関して二つの考え方があった。

①明快な戦略図は、変転する情勢の中では不可能と否定する考え方

②明快な戦略図は、戦争遂行の青写真と見る考え方

第二次大戦中の米軍首脳陣には②の考えが強く、チャーチルは①と②の中間だった。

チャーチルは言う。

「完全に将来に備えようとしてもそれは不可能であり、できたとしても限界がある。経験に照らして見ても、予測は必ずと言っていいほど誤り、準備は常に後手々々に回ってしまう。それでも納得のいける時期に勝利で終わらせるためには、一つのデザイン（国家戦略）とテーマ（戦争戦略）がなければならない（『チャーチルとルーズベルトとの書簡集』）」

一九四二年頃、英軍上層部は米国の潜在的軍事力を過小評価していた。チャーチルは米国との関係強化を重視し、ルーズベルトと共に粘り強い努力で史上最も緊密な同盟関係を築いた。

チャーチルは戦略という高度な問題や技術的問題について、第一次大戦当時のロイド・ジョージ首相と同様、軍上層部をあまり信用していなかった。

チャーチルの才能は、軍上層部を質問攻めにすることで、彼らに刺激を与え行動に移らせたことだ。チャーチルの指導性は、視野の広い戦略観と同時に、質問攻めの効果として戦争努力を活性化させたことに特徴があった、と指摘する歴史家もいる。

また、問題が生じるたびに特別委員会を招集し、この問題に関係する政府部局を枠を超えて

参加させた。そして、問題の優先順序を決め、緊急の問題にはタスクフォース（特定任務チーム）で当るという臨機応変な総動員体制を確立した。

イズメイの回顧録によれば、軍事判断については、常に軍首脳から報告を受け関係部門に絶えず細かい質問をすることで、事態を自分の管轄下に置こうとした。軍上層部は煙たがっていたが、チャーチルは瑣末な軍事問題に至るまで目を離さず、その推移や今後の意義にいたるまで、部下の意見を問い質した。

厖大な読書量と、海相、陸相兼空相、軍需相など閣僚としての多くの経験で得た常識に基づいて部下の判断や予測を理解する。関係部局に質問しても、満足できる回答が得られず、もう一度、厳密に調べ直すということが何度もあった。エリオット・A・コーエンは「チャーチルのメッセージは広範囲の問題に及び、まるで空を走るサーチライトのようで、惰眠を貪る行政機構の末端まで届いて、下級職員までが戦々恐々だった」と記している。

5　地下壕の戦争指導室

戦時中のロンドンでは、チャーチルは、①ダウニング街一〇番地の首相官邸、②首相官邸別館、③首相の別荘（公的別荘と私的別荘）の三ヵ所から指示を出していた。

②はチャーチル夫妻のために用意された住居で、戦時中この建物の地階に空襲の爆撃に耐え

うる強固な構造の複合執務室が新設された。三軍参謀長のための執務室を備えた作戦室が置かれ、戦時内閣と共に戦争全体の最高指導部となった。首相や秘書、その他スタッフの寝室もあり、財務省地下にあるこの粗末で狭い地下の戦争指導室にチャーチル以下戦時内閣閣僚や三軍の参謀長が一緒に泊り込んで、戦争指導する体制を取っていた（『文藝春秋』二〇〇七年六月号「昭和の陸軍」）。

③の別荘は二つあり、ロンドンから三〇マイルのチェカーズの歴代首相公式別荘（四〇〇ヘクタールの敷地に大きなテラスとバラ園がある）と、やはりロンドンから三〇マイル離れたディチエリーにあるチャーチルの私有別荘である。週末はこのいずれかで寛いだ。公式の来客がある時はチェカーズの別荘で会うことが多かった。

首相官邸のあるダウニング街一〇番地の裏通りの建物に地下壕が造られ、そこに戦時内閣室（War Cabinet Room）が設置された。広さは一五畳くらいでテーブルがロの字型に配置されている。ここで戦時内閣の閣議が開かれた。同じ地下壕にチャーチルの寝室があり、ベッドの横には大机が据えられ、隣の地図室には世界各地の大きな作戦地図が壁に貼られている。地図室の近くには公衆電話ボックスくらいの空間があり、ルーズベルトとの間のホットラインの電話器がある。その横はトイレだ。

狭い地図室では、陸海空軍から派遣された士官が二四時間勤務体制をとり、机の上には、用途に応じて黒、赤、白、緑に塗られた電話器が並んでいる。地図上には各国軍を示す色付きボタンの付いたピンで、その所在地点が示されている。

この、戦時内閣室は現在公開展示されている。独空軍の爆撃に耐えられるため補強された赤く塗られたH型鋼材が天井むき出しになっており、ロの字型に配置された机には紺色のシーツが敷かれ、各閣僚に配られた資料と薄茶色の鉛筆が一本置かれている。戦時内閣閣僚が坐るのは肘付きの黒い椅子。チャーチルの席の前には常時携行する必要書類を収めた赤い小型トランクが置かれている。

この地下壕には、六畳一間ぐらいのベッド室がずらりと並び、チャーチルや戦時内閣閣僚、各参謀長等がここで寝泊まりして二四時間体制で戦争指導を行っていた。こうすることにより、メンバー間ではある種の連帯感が生まれた（『文藝春秋』二〇〇六年九月号）。

第4章　東奔西走するチャーチル

1　首相就任以前からルーズベルトとは親密な関係

一九三九年九月一日、独軍のポーランド侵攻が始まった。九月三日、英国は対独宣戦布告。この日、チャーチルはチェンバレン内閣の海相に就任。九月五日、ルーズベルトは戦争不介入の中立宣言。

中立宣言の約一週間後、ルーズベルトは九月一一日付書信を海相就任直後のチャーチルに送った。ルーズベルトが首相ではないチャーチルに書信を送った意味は明らかでないが、第一次大戦時に、自分が海軍次官、チャーチルが海相だったことから親しみがあったのかもしれないし、対ヒトラー強硬論を唱え続けていたチャーチルを心強く思っていたのかもしれない。この時、九ヵ月後にチャーチルが首相に就任するとは予想していなかっただろう。書信の内容は以下の通りである。

①第一次大戦中、閣下は海相、自分は海軍次官という同じような立場にあった。閣下が海相の地位に戻ったことは大変嬉しい。

②閣下の問題は新しい要素が入っているため、複雑化しているかもしれないが、本質は変っていないと思う。
③閣下が個人的に私に知らせておきたいということがあれば大いに歓迎する。是非伝えて欲しい。

この書信以降、チャーチルは自分の考え・希望・提案などを頻繁にルーズベルトに送り、ルーズベルトはその返事をチャーチルに送るようになった。

チャーチルの『第二次大戦回顧録』には次のような記述がある。

「ルーズベルトとの関係は段々と緊密になっていった。重大な事項は二人の個人的意思交換で決定され、実行された。国家元首として、また行政府の長としてルーズベルトはどんな分野でも権限を持って語り、行動した。自分はルーズベルトとほぼ同じ権限で英国を代表した。かくして、非常に高度の一致共同が得られた。時間の節約と、多人数による情報錯綜を減少させたことは極めて価値あることだった。ロンドン駐在の米大使館に打電すると、ここから特殊暗号機によって直通でホワイトハウスに届く。夕方、夜、あるいは深夜に打ったどんな電報でも、（時差があって）ルーズベルトが就寝する前に届けられる。そうして、翌朝私が起床した時にルーズベルトからの返電が届けられる。戦時中、ルーズベルトに九五〇通打電し、八〇〇通の返電を貰った」。

国外出張時などを除いて、両者は、ほぼ毎日のように電信で意見交換していたことがわかる。このような交信を行っていたことは、双方ともごく限られた側近しか知らなかった。頻繁な文通を行いながら、ルーズベルト自身はポリオ（小児麻痺）の後遺症で身体が不自由なこともあり、第二次大戦中、側近のハリー・ホプキンスをしばしば英国やソ連に派遣して意思疎通の緊密化をはかった。さらに、何回もチャーチルとの間の直接的巨頭会談を開催している。

一九四〇年一二月七日付でチャーチルはルーズベルトに長文の書信を送った。開戦後二度目の新年を迎えようとしている時点で全戦局の展望を行い、米国からのより一層の武器援助（特に、駆逐艦と重爆撃機）を求めたものだった。

以降、チャーチルは、英国の国力限界を鑑み、米国の厖大な軍事力が対独戦争勝利のためには不可欠と考え、米国との連携を何よりも重視する言行をとった。また後述するが、独ソ戦勃発（一九四一年六月二二日）後は、対独戦遂行のためにはスターリンとの連携も重視し、モスクワなどに飛んでスターリンと直談判を繰り返した。反共主義者として知られたチャーチルの戦争に勝つためのリアリズム感覚である。

チャーチルの『世界の危機』には、「視点を上げれば政治と戦略の違いはなくなる。頂点から見下げれば、政治と戦略は一つになる」という言葉がある。政治と戦略の一本化にチャーチルが動いた典型的なものが、首脳外交への取り組みであった。英国の国力限界の中で、軍事力を補完したのが外交力であり、このためにチャーチルは第二次大戦中、東奔西走した。

以降の章で詳述するが、特に第二次大戦中のルーズベルトとの首脳会談は九回に及び、二人が一緒にいた時間は一二〇日と言われるから、両者の交流がいかに緊密であったかがわかる。ワシントンで首脳会談に臨んだ時には、ホワイトハウスで泊まることが多かった。宿泊中、風呂上がりのまま素裸でいたところ、ルーズベルトが入って来たことがあり、チャーチルはこの時、「英国の首相は米国大統領に隠すことは何もありません」と言ったという話もある。これは、ジョークであろうが、両者の親密な関係を示すエピソードである。

2　フランクリン・ルーズベルトとはどんな人物か

ここで、ルーズベルトの経歴や横顔を紹介しておく。ルーズベルト家は、一七世紀中葉にオランダから移住した者の後裔で、三代目から二つの家に分かれた。①オイスターベイ・ルーズベルト家と、②ハドソン川（又はハイドパーク）・ルーズベルト家の両家である。両家は、いずれもニューヨーク州を地盤にして富豪に成り上ってきた。①の出身が日露戦争時の大統領セオドア・ルーズベルト、②の出身が第二次大戦時の大統領フランクリン・ルーズベルトである。①はニューヨーク市内を本拠とし、代々共和党、②はニューヨーク北部のハイドパーク村を本拠とし、代々民主党であった。

ルーズベルトの経歴

フランクリン・ルーズベルトは一八八二年、ニューヨーク州名門のオランダ家系に生れ、幼少期は家庭教師の指導で育ち、ハイドパーク村の少年と遊ぶことは禁じられた。村民の多くは、ルーズベルト家の所有する農地の小作人であり、ルーズベルト家は特別の存在であった。

全寮制のグロートン校に入学。頭が切れるタイプではなかったが、成績は悪くなかった。ハーバード大学に入学し卒業。学生新聞「クリムゾン」の編集長を体験。コロンビア大学法律学校を出て、弁護士となる。一九〇五年、二三歳で遠縁のセオドア・ルーズベルト大統領の姪エレノアと結婚。二八歳でニューヨーク州上院議員。一九一三年、三一歳でウイルソン内閣海軍次官。一九一四年第一次大戦勃発。一九一七年四月米国参戦。一九一八年欧州出張。

第一次大戦時の海軍次官として海軍大増強に腕を振った。ダニエルズ長官は無能との評もあった人で、海軍省幹部は次官を頼り、ルーズベルトはその期待に応えた。ルーズベルトにとって、三〇歳台前半の八年間という長期間の海軍次官体験が行政手腕への自信と海軍全般の知悉をもたらした。後に大統領になり米海軍を「マイネービー」と豪語し、主要提督の人事を独裁したのは、この八年間の海軍次官当時の体験による自信が大きい。

一九二〇年、三八歳の時、民主党ジェームズ・コックスの大統領出馬に副大統領候補となるが、コックスは敗れた。一九二一年、ポリオ（小児麻痺）に罹る。別荘に温泉プールを作りリハビリに専念するも、以降死ぬまで車椅子生活だった。下半身の不自由は隠していたので国民の多くは知らなかった。

一九二九年ニューヨーク州知事となり、一九三三年三月大統領に就任。この年一月ヒトラー内閣が成立していた。以降、一九四五年四月に亡くなるまで四期大統領を務めた。第二次大戦中の三期目選挙の前には、挙国一致内閣を標榜して、共和党の大物スチムソンとノックスを陸軍長官、海軍長官に引き抜き、大統領選挙時の共和党分断策を図って選挙に勝つ。ちなみに、スチムソンとノックスは即座に共和党から除名された。

四期目の大統領選挙にも勝ったが、就任直後の一九四五年四月一二日に急死。一二年間に及ぶ大統領の重責からくる心理的ストレスの集積があったことも急死の原因と思われる。

ルーズベルトの横顔

富豪の孫のような一人息子として生まれ—実際には一七歳年上の異母兄が一人いるが—、父母の溺愛の下で大勢の使用人にかしずかれて育ったルーズベルトは、諫言や直言を何よりも嫌った。婚期に遅れて、老齢の富豪の後妻に入った母は息子一人に愛を注ぎたいと、息子の誕生後は、夫とは寝室を共にしなかった。息子の結婚後も、靴下の色にまで口を挟んだのがこの母親である。ルーズベルトは、何も言わずとも自分の気持を忖度してその実現に動いてくれる者を好んだ。性格は複雑で、異なる四人の性格を持っているとも言われ、周囲は何を考えているのかわからない。「貴人に情なし」の諺通り、酷薄・無情、他人に情をかけることはなかった。

ルーズベルトは漁色家だった。賢妻の誉れ高いエレノア夫人の目を盗んで、戦争中も、人妻の未亡人になっていた元夫人秘書との密会を続けた。ルーズベルトの死に水をとったのは、エレノア夫人ではなくこの愛人である。気に入られたリーヒ、スターク両海軍作戦部長、キンメル太平洋艦隊司令官といった提督は、若いルーズベルト次官に取り入るのに巧みで、ルーズベルトが大統領になった後は、海軍内でのルーズベルト閥の中核となった。

名門生まれ、有名大学卒、漁色家、性格が複雑といえば、同時期に日本の首相だった近衛文麿公爵と対比できる。近衛は、皇室の藩屏として君国に尽すべき公爵家の嫡男に生れながら、社稷を全うするための気迫に欠けていた。華冑界出身者に多い弱志薄行型で、自分で泥をかぶってもやるという強い意思がなかった。事態が困難になるとすぐ首相の座を放り出す。名門、長身で国民的人気は高かったが、強い意志と行動力に欠けたから、政治家としてはルーズベルトが一枚上だったとしか言いようがない。

ルーズベルトは、常に楽天的に振舞い、疲れた顔は見せず、賢夫人と娘一人のほか多くの息子たち（四人全て陸海空軍に入って戦場に出た）に囲まれ、頼りがいのあるリーダーであると共に理想的家庭の父親として米国民から見られた。

ルーズベルトの妻エレノアはセオドア・ルーズベルトの次弟の長女。二人の結婚式の媒酌人は当時大統領のセオドアであった。

セオドアとフランクリンの経歴はよく似ている。ハーバード大、コロンビア大法律学校、ニューヨーク州議員、海軍次官、ニューヨーク州知事、大統領だ。違いはセオドアが共和党で親日・親独派、フランクリンは民主党で日本・ドイツ嫌いの点である。性格も、セオドアが男性的な熱血漢の快男児型で何事も一刀両断で判断し、骨肉の情に厚かったのに対し、フランクリンは女性的と言うか、複雑、粘着性の性格で自分の考えを忖度して行動してくれる者を好み、自ら率先して判断を下すことは少なかった。一度、嫌った者は何十年も覚えている執念深さもあった。

ルーズベルト

この二人について日本で書かれている本には間違っている点があるので正しておきたい。

まず、二人が従兄弟《いとこ》と書かれていることがあるが、間柄は米国で言う **5th cousin** である。日本の「従兄弟」は米国では **1st cousin** と言う。縁戚関係ではあるが遠縁である。フランクリンは海軍次官就任時、ルーズベルト元大統領の一族かと記者から問われた際、「はい。遠縁です（Yes, distantly）」と答えている。また、セオドア・ルーズベルトはフランクリンの叔父としているのもあるがこれも間違い。正確に言うと、セオドアはフランクリンの妻エレノアの伯父にあたる。

もう一つ。両者を海軍次官補としているものがあるが、間違い。二人は海軍省ナンバー2の次官であった。当時の米海軍省には長官、次官、局長はいたが、次官補というポストはなかった。

チャーチルとフランクリン・ルーズベルトの共通点は、共に名門出身で世俗的苦労をしていないことだ。名門の全寮制中学出身なのも共通している。共に、選挙を何度も戦っているから演説はうまい。ただ、少人数の会議でもチャーチルは熱弁を振うが、ルーズベルトはあまり喋らない。

一九三九年九月に第二次大戦が勃発した際、米国は中立を宣言した。米国内には、「欧州の戦争に巻き込まれるな」という声が大きかったのだ。一九四〇年、異例の大統領三選に臨んだルーズベルトもこうした世論には逆らえなかった。しかし、三選が決まった一九四〇年一二月二九日の、いわゆる炉辺談話ラジオ放送で次のように語った。

「もし、英国が倒れたら、我々アメリカ人は経済的にも軍事的にも、爆裂弾を装填した大砲を突き付けられて生活することになるでしょう。我々は利用し得るエネルギーと資材を以て武器と船舶を生産しなければなりません。我国は民主主義国の一大兵器廠とならなければなりません」

この兵器廠宣言は、事実上の米国の参戦の意思表示であった。また、一九四一年八月一四日のルーズベルト・チャーチル会談で発表された大西洋憲章はドイツに向けられたものであり、米国の商船がUボートの餌食になり米国の世論が沸騰するようになった後の一九四一年九月一一日、ルーズベルトは米国駆逐艦に対して「Uボートを見つけ次第撃て」と命じたが、これも実質的対独宣戦だったと言えよう。

3　ルーズベルトの特使ホプキンスとロンドンで会談

一九四一年一月一〇日、ルーズベルト大統領の信頼の厚いハリー・ホプキンスがロンドンにやって来た。ホプキンスは、ソ連の実情と必要物資をスターリンから直接聞くため、ルーズベルトの特使としてノルウェー、スウェーデン、フィンランドを経由してソ連入りし、その帰国途上に英国を訪れた。ホプキンスは、英国が何を必要としているか、英国の戦闘意欲がどの程度かを調べにやって来たのだった。

チャーチルはホプキンスと昼食を共にし、意気投合した二人だけの水入らずの会談が夕方四時頃まで続いた。チャーチルは必死になってホプキンスを接待した。軍需工場に案内し、戦時内閣の地下壕での閣議にも臨席させた。ホプキンスは「チャーチルは戦争の大戦略を全て一人でコントロールしているだけでなく、細部にも通じており、ルーズベルトの援助を切に期待している」との中間報告を送り、六週間も英国に滞在して帰国した。

ホプキンスはホワイトハウスにオフィスと住居を持つほどルーズベルトに信頼されていた。日米開戦後、同じくホワイトハウスにオフィスを持つようになるのが、統合参謀長会議議長のリーヒ海軍大将（後、元帥）である。ルーズベルトは自分の軍事参謀長はリーヒ、政治参謀長はホプキンスと公言していた。ホプキンスはルーズベルトの懐刀として活躍した。黒幕に徹したので、世間ではあまり知られていないホプキンスの横顔を書いておく。

ホプキンスはニューヨーク州の社会事業局で働いていたことがあり、州知事に立候補したルーズベルトの知己を得た。ルーズベルトが大統領になると、失業救済局長や商務長官を経て側近となった。胃癌を患い余命が長くないのを悟り、自分の欲は一切捨ててルーズベルトに尽くそうと決心した。

大勢の召使に仕えられ、母の溺愛の下で育ったルーズベルトが直言するタイプの人間を嫌い、自分の気持を忖度して動いてくれる人間を好んだことはすでに述べた。ホプキンスはその意味でルーズベルトの好みにぴったりの人物だった。またルーズベルトは、どんなに有能と評判の者でも、知らない人間を重く用いることはなかったことも付け加えておきたい。

ホプキンス帰国後の三月一日、ルーズベルトが提出していた「武器貸与法」が議会を通った。この法律は、英国の軍艦が米国の港湾を使用するのを許可するもので、英国に対する援助全般について大統領が広範な権限を持つことになった。喜んだチャーチルはコルヴィル秘書官に「これは、米国の対独宣戦布告に等しい。ドイツがその気なら宣戦してみろと、あからさまに挑戦しているのだ」と言った。

4　チャーチルとルーズベルトの初会談（大西洋会談）　一九四一年八月

会談場所はカナダのニューファンドランド島沖

独ソ戦が勃発したのは一九四一年六月二二日。ルーズベルトはホプキンスをモスクワに派遣してスターリンと直接に接触させようとした。そのモスクワ行きの前に、ホプキンスはロンドンに向かった。

一九四一年七月下旬、ホプキンスがB17に乗って空路ポルトガルのリスボン経由でロンドンの首相官邸にやって来た。どこか静かな湾でチャーチルと会談したいとルーズベルトが思っている、と伝えるためだった。チャーチルは即座に「結構だ」と答える。相互の都合を調整し八月九日にニューファンドランドのプランセンチア湾で会うこととなった。チャーチルの東奔西走の始まりである。

ホプキンスは七月二八日、英空軍の対潜哨戒機に乗り、スコットランドの英空軍基地を出発した。二四時間かけ、北極圏上空を横断してソ連領に着陸。ここで給油の後、モスクワに向け出発。

スターリンとはクレムリン内のスターリン執務室で会った。机には六個の電話機が並び、壁には大地図が貼られている。ホプキンスはこんなに正確で近代的な地図は見たことがなかった（大森実『チャーチル――人物現代史4』）。

八月一日、モスクワを出発しスコットランドの空軍基地に着く。そこから英海軍基地スカッ

ホプキンス

パフローに向かい、ここで大西洋を横断するチャーチルと同道するため、戦艦プリンス・オブ・ウエールズに乗艦。

欧州での大戦で英国は苦戦し多くの軍事物資を中立国の米国に頼っている。また、英国はアジア方面に多くの植民地を持っているが、太平洋方面もきな臭くなってきている。チャーチルはなるべく早くルーズベルトと会って、米英両国の考えをまとめておきたかった。チャーチルの恐れは、米国の眼がアジア方面に移り、欧州方面の関心が薄れることだった。

軍の運用に関して、チャーチルは陸海空三軍の統合運用に特に気を使った。チャーチルの意向に従い、海軍軍令部長のダッドリー・パウンド、陸軍参謀総長ジョン・ディル、空軍参謀総長チャールス・ポータルの三人はほとんど毎日会い、週に一五時間は戦争指導を討議していた。

大西洋横断には普通の商船では片道二週間かかる。多忙なチャーチルには往復四週間の船旅の時間は惜しい。それに、チャーチルの大西洋横断は最高の機密事項だったのでUボートが跳梁している状況では安全面からも問題があった。そこで、巡洋艦ケントが考えられたが、チャーチルは四ヵ月前に竣工した戦艦プリンス・オブ・ウエールズ（四万二〇〇〇トン）を指名。

チャーチルは個人的幕僚でもある戦時内閣事務局長イズメイに「君と空軍参謀総長ポータルは残っておれ。参謀長会議事務局長のホリス陸軍大佐、戦時内閣事務局長補佐ヤコブ陸軍中佐を連れていく」と言った。軍首脳は、パウンド海軍軍令部長、ディル陸軍参謀総長、フリーマン空軍参謀次長が同行することとなった。

高名な記者のH・V・モートンは八月二日、広報省に呼ばれ、ブラッケン広報相から要請を受けた。「三週間ほど英国を離れて欲しい、どこへ行ってもらうかは今言えないが、唯一つ言えることは、この大戦の歴史的一こまを君は見ることができる」というものだった。

もう一人、コーンウエル海岸の自宅にいた有名な記者スプリングは、ブラッケン広報相から至急来て欲しいとの電話を受け、急遽ロンドン行きの急行に乗った。翌八月三日、広報省に出向くと、車でマリーレーボン駅に送られた。四番線にはチャーチルの特別列車が停車しており、この列車に乗るよう言われる。正午過ぎの一二時三〇分に発車した列車はスコットランド方面に向かった。

この特別列車は、王室用につくられ運用されていたものを、戦時になってチャーチルが使用するようになったものだ。移動ホテルと言っていいもので、食堂車、寝台車が付いている。チャーチル用の部屋には風呂、ベッドはもちろん、専用オフィスがあり、専従の口述速記者とタイピストも乗っている。通信施設も万全で、英国内のどの軍事部隊へも連絡が可能だ。

ロンドンの窮屈な生活から解放され、列車内でチャーチルは休みに入った小学生のように嬉々としていた。列車内には海軍四人、陸軍四人、空軍二人の士官が乗り組んでいた。防諜と護衛の任務は海兵隊の任務で、責任者はホリス海兵大佐。

八月三日の夕刻四時過ぎ、二人の記者はホリス大佐に呼ばれて、次のことを伝えられた。「列車の一行はニューファンドランドへ行く。チャーチルは米大統領とそこで会談する。同行の陸海軍三軍の最高幹部も米国の軍最高幹部と会う。大西洋は新鋭戦艦プリンス・オブ・ウエールズで渡る。チャーチルが英国を離れるのを知っている者はロンドンで一人か二人しかいない」

八月四日の朝、スコットランドの北部海岸に近い終点のサーソー駅に着いた。ここから約一マイル先の小漁港スクラブスターまで車で送られた。沖に二隻の駆逐艦が停泊していた。艦はオークニー諸島にある英海軍根拠地スカッパフローに向かった。スカッパフローにはプリンス・オブ・ウエールズとキング・ジョージ五世の二隻の姉妹艦が停泊している。

正午頃、一行はプリンス・オブ・ウエールズに乗艦。午後四時二〇分抜錨。三隻の駆逐艦が護衛に伴走する。大西洋にはUボートが跳梁していて油断できない。

この時、チャーチルは六六歳。医者から太りすぎを注意されていた。時間がないので、大戦中は好きな油絵は一枚しか描いていない。航海中、唯一の楽しみは映画だった。

プリンス・オブ・ウエールズの乗組員は士官六三人、下士官五七人、水兵一三二〇人。一九四一年の竣工以来、艦長はジョン・リーチ大佐。リーチ艦長は航海中は艦橋で過ごした。睡眠も艦橋の仮設ベッドでうたた寝するだけだ。艦内にはロンドンの戦争指導閣議室にあるマップルームと同じものが作られた。一方の壁には、大西洋の大地図に護衛船団、商船、軍艦、Uボートの位置が表示され、もう一方の壁にはロシア戦線の大地図に独ソ軍の状況が示されている。航海中は厳格な無線封鎖が行われ、受信するだけで発信はしない。

荒天下の航海だったが、日常業務から解放され、大戦開戦以来、初めての心の安らぎを得た。楽しみな読書の時間もようやく得た。チャーチルは昼寝を日課としていた。昼寝の後は必ずマップルームに入り、夕食後は艦内の映画会場に足を運ぶ。ハミルトン夫人（ネルソン提督の愛人）を描いた映画に感銘を受けた。

大西洋憲章に署名

高速戦艦の威力で、ニューファンドランドのプランセンティア湾に入ったのは八月九日午前六時。ルーズベルト大統領は巡洋艦オーガスタに坐乗し、戦艦アーカンサス、巡洋艦タスカローザ、それに駆逐艦を率いて先にやってきていた。休日のクルージングを楽しむという外部への欺瞞策のためヨットも連れて来ている。

プリンス・オブ・ウエールズが投錨すると、ルーズベルトの副官ビアドール大佐が打合せのためやってきた。続いてホプキンスがオーガスタに移り、ルーズベルトにスターリンとの会談、チャーチルとの会合についてとりあえずの報告をした。

チャーチルは午前一一時、ボートに乗ってオーガスタに向かった。海軍軍服調に仕立てた上下服にヨット用の帽子を被っている。二三年前の第一次大戦末期、海軍次官だったルーズベルトは海軍大臣だったチャーチルと英国で会っている。これをルーズベルトは覚えていたが、チャーチルは忘れていた。艦上では軍楽隊により両国の国歌が演奏された。ポリオを患ったため自身で起立できないルーズベルトは次男のエリオット陸軍大尉に支えられて立った。

オーガスタ艦内で夕食会が開かれた。ホプキンスはモスクワでスターリンと会ったことなどを話し、チャーチルは今次大戦の流れについてスピーチした。

翌日八月一〇日、ルーズベルトはスターク海軍作戦部長とマーシャル陸軍参謀総長を帯同してプリンス・オブ・ウエールズにやってきた。この日一日、両巨頭は会談に費やした。

ルーズベルトは、①米国は中立国なので武力支援はできない、②同じ道を歩む我々の政策を導く、幅広い原則である共同宣言（Joint Declaration 後に大西洋憲章と呼ばれた）を出したいと語り、チャーチルは了承する。

太平洋方面の日本の権益拡大への警告を共同宣言に入れたいとのチャーチルの申し入れに、ルーズベルトは日本との直接的戦争に及ぶ恐れがあるとして、この件は盛り込まないこととなった。

西大西洋での船団護衛は米海軍が行うとルーズベルトは約束した。これによって、西大西洋に張り付いている英、カナダ海軍の艦船五〇隻を他の任務に廻せることになった。八月一二日午後、両巨頭は大西洋憲章に署名。同日午後五時、プリンス・オブ・ウエールズは錨を揚げ、一路進路を東に向けた。八月一六日早朝の四時二〇分にアイスランドが見え始め、三〇分後、首都レイキャビックから一五マイル離れた港町に入港。独軍が英国包囲網強化のため空挺部隊でアイスランド占領を目論んでいるかもしれないとして、その対処策に英軍は一年前からこの島を占領していた。チャーチルは英占領軍を激励するため、現地英軍のパレードを閲兵した。同日夜八時過ぎ、スカッパフローに向けて出港。翌日一七日の早朝、チャーチルの希望で14インチ主砲の発射訓練があり、朝八時四五分にスカッパフローに入った。

この航海で得た最も大きな成果はルーズベルトとの個人的友情の基礎を作り上げたことだった。帰国から数日後、チャーチルは大西洋会談の成果について、「会談は、世界中の英語国民が決定的な時期において、固く団結したことを象徴するもの」とラジオ放送を行った。

ちなみに、チャーチルはルーズベルトと並んでラジオを世論形成の道具として本格的に活用した最初の政治家の一人である。大戦中、チャーチルが首相として行ったラジオ演説は合計四九回で、その半分が一九四一年まで、すなわち英国が単独で戦っていた期間に集中している（冨田浩司『危機の指導者チャーチル』）。

ヒトラーは宣伝相ゲッペルスの勧めもあって、ラジオや映画で、しばしば激烈な獅子吼演説を行い、ドイツ国民を熱狂させたことはよく知られている。スターリンは国民の前で演説することはなかったし、日本首相の東条英機もせいぜい、国会演説だけであった。

5　真珠湾攻撃、マレー沖海戦の衝撃

真珠湾奇襲のあった日、チャーチルは米国の駐英大使ウイナントと米大統領特使のハリマンを自宅に招いて夕食を共にし寛いでいた。午後九時にニュースを聞くためラジオのスイッチを入れると、日本軍の真珠湾攻撃を伝えていた。チャーチルはすぐにルーズベルトに直通電話を入れた。ルーズベルトは「それは全く本当だ。奴らは我々を真珠湾で攻撃した。もう我々は同じボートに乗ったようなものだ（We are all in the same boat now）」と答えた。チャーチルは「米が我々の側に立ったことは、私にとって最大の喜びだといっても、私を悪いと思う米国民はいないだろう。興奮がじわじわと身体にしみこんでくる。満足して寝台に入って眠りに落ちた」と日記に書いた。

翌日、すぐにワシントンに向かうのが自分の任務とする書信を国王に提出した。日本の対米宣戦布告に伴い、ドイツは一二月一〇日、対米宣戦に踏み切った。

チャーチルが最も心配したのは、日本の真珠湾攻撃によって、米国が第一戦略をヒトラーのドイツ打倒ではなく日本打倒に変えないだろうか、ということだった。米国からの対英援助物資が太平洋方面に流れ出すことが最大の恐れとなった。英国は今、生死をかけてドイツと戦っている最中なのだ。

一二月一〇日、パウンド軍令部長から電話があった。英海軍の主力艦プリンス・オブ・ウエールズとレパルスがマレー沖で日本海軍機に撃沈されたという報告だった。プリンス・オブ・ウエールズは四ヵ月前にチャーチルを乗せて大西洋を横断した艦である。「首相、プリンス・オブ・ウエールズとレパルスが恐らく日本機によって沈められたこと、また司令官のトム・フィリップが溺死したことを報告せねばなりません」。チャーチルは後に『第二次大戦回顧録』で、「この大戦中、これ以上のショックを受けたことはない」と書いた。

プリンス・オブ・ウエールズとレパルスはチャーチルの指示により、日本に睨みをきかせるため一九四一年一二月二日にシンガポールに到着。フィリップ提督は一二月五日、空路マニラに赴き極東軍司令官マッカーサーとアジア艦隊司令官ハート大将に会った。ハートはシンガポールの英艦隊に米駆逐艦四隻をつけると約束した。一二月七日朝、シンガポールに帰ったフィリップは、一二月八日深夜に日本軍がマレー半島のコタバル、シンゴラ、パタニに上陸したとの報を受けて、八日午後五時三五分に出撃したが、日本海軍航空機の攻撃を受けて撃沈された。

マレー沖海戦と呼ばれたこの海戦は、一二月一〇日正午から午後三時までの戦闘だった。仏印駐在の日本海軍第二二航空戦隊の一式陸攻二七機、九六式陸攻五九機の攻撃を受けたプリンス・オブ・ウエールズは魚雷五発、五〇〇キロ爆弾一発が命中、レパルスは魚雷五発、二五〇キロ爆弾一発が命中して、マレー東岸クワンタン沖で沈んだ。日本機の損害は二機だった。

真珠湾では、停泊中の米戦艦が奇襲攻撃で沈められた。いわば据え物切り（据え置かれた動かない藁束等を一刀両断すること）だ。マレー沖海戦は、大洋を高速航行、ジグザグ運動で対空砲の火幕を張っている戦艦が航空機によって沈められた最初の海戦であった。

さすがのチャーチルも最新鋭戦艦が空からの攻撃で撃沈されるとは思っていなかった。山本五十六は、海戦における航空機優位の先覚者で、海軍の空軍化に尽力してきたが、その成果が真珠湾米海軍基地への航空機による奇襲であり、マレー沖海戦だった。チャーチルも英海軍首脳も、山本ほどの航空機優位の先見性がなかったのだ。

6　チャーチル、アメリカに向かう

次の大西洋横断は姉妹艦のデューク・オブ・ヨークを使用することとした。三軍の長のうち、前回同道したディルはチャーチルと意見が合わないことが多いため更迭され、連合参謀長会議のワシントン常駐となった。ディルは、チャーチルの細かな指示・干渉や強引な指導に反発し、チャーチルもディルの陸軍作戦指導に慊《あき》たらないものを感じていたのだ。後任にはアランブルークが任命されていた。

海軍のパウンドは前回と同じで、空軍のポータルが初めて参加した。チャーチル専用列車はロンドンのユーストン駅を出発、グラスゴー西のクライド湾に臨むグリーンノックにあるプリンセス埠頭に到着。一九四一年一二月一三日の朝一〇時五〇分、一行はデューク・オブ・ヨークに乗艦、一二時一〇分に抜錨。駆逐艦三隻を連れ、冬の時化の海を西へ進む。艦内では軍首脳間で、①軍の人材活用、②空母運用の人の問題、③シンガポール防衛問題、④ポーランド方面の状況、⑤Uボート問題が討議された。

最大の問題は、米との首脳会談において、戦争状況をどのように把握し要約するかであった。八日間の航海の間は閣議もなければ、人と会う必要もない。戦争全体のことだけに思考を集中できる。チャーチルはナポレオンの言葉「疲れることなく、長期間に亘って精神を、ある目的に焦点を合せることの価値」を思い出していた。

日本を指導した東條英機は、国務・戦務の統合が憲法上の規定からままならず、最後まで陸相を兼務し、必要に応じて内相、軍需相、参謀総長を兼務した。このため多方面の事務的事項処理に精力を消耗し、日々の細事に追われて逆上気味になった。「閣議もなければ、人と会う必要もない。戦争全体のことだけに思考を集中できる」チャーチルとは別世界であった。もちろん、東條の几帳面な性格もあったし、戦時宰相の器でなかったこともあるが、チャーチルのように、軍首脳と真剣に意見の摺り合わせることもできなかった。詳しくは最終章で詳述する。

口述速記者とタイピストを同道したチャーチルは戦争の全体像を描くため、考えを喋り速記者はそれを文書化する。推敲を重ね一枚に四時間から五時間をかけたものを三枚文書化した。

これを三軍トップに示し、彼らにも米軍首脳との会談に備えて自分たちの考えを文書化させる。チャーチルのは全体的視点からのもので、三軍トップのものは軍事的視点からのものだ。こうして、チャーチルと三軍トップで原理・原則と価値観が調整され、共有される。これ以降も、チャーチルは何度も三軍トップを帯同して大西洋を横断するが、その機会を利用して戦略の形成と戦略の共有化に精力を集中した。

夜型のチャーチルは夜間に三軍首脳が討議すべき事項を口述する。速記者がまとめタイピストが文書化する。翌朝この文書が三軍参謀長に手渡され、これに沿って議論が行われる。チャーチルは参謀長会議に対し、会議結論の文書化を求める。夕刻この文書を読んだチャーチルは、更に問題点や検討事項をその夜、速記者に口述して文書化させる。再び、翌朝の参謀長会議にこの文書を配る。このように、チャーチルは必ず文書の形で指示し、部下からの回答も文書を要求する。

同じ艦内に寝泊りし、密度の濃い会議が連日開催され、チャーチルのリーダーシップにより三軍相互の問題点が洗い出される。三軍参謀長はチャーチルの関心、心配点、希望を知るとともに、チャーチルによって参謀長間の意見が調整される。

このような会議を連日一週間続けると、チャーチルと各参謀長は英国が直面する問題点の整理と方向付けができる。もちろん、夕食会をやって酒を飲み、艦内の映画会で映画も見る。ロンドンの役所内での下僚への指示や会議、電話応対等の雑務から離れて、チャーチル（首相兼国防相）、三軍参謀長が連日、額を集めて国防重要問題にのみ精力を集中する会合が大西洋横断中の艦内で開かれていたのである。

7　英米首脳による第一回ワシントン会談　一九四一年一二月〜四二年一月

一九四一年一二月二二日午後四時過ぎ、チェサピーク湾のハンプトンローズに投錨。ルーズベルトが出迎えに来ていた。ここで駆逐艦に乗り換え、ポトマック川を溯ってワシントンに行くことも考えたが時間がない。列車も時間がかかる。チャーチルの希望で米側は飛行機を用意した。飛行機に乗れない随行団は列車でワシントンに向かった。

上空から見るワシントンの夜景は素晴らしかった。ロンドンは防空体制のため、大戦勃発の二年半前から漆黒の夜空だった。機中でチャーチルはルーズベルトに真珠湾の被害状況を尋ねた。飛行機は深夜一時一五分にワシントン空港に着陸し、チャーチルは直ちにホテルに入った。

三週間の米国滞在中、宿舎はホワイトハウスだった。チャーチルとルーズベルトは毎日会い数時間話をした。昼食も一緒のことが多かった。ルーズベルトの車椅子を押して、応接間からエレベーターまで運んだこともある。チャーチルはベッドの中で書類に目を通すことが多かったが、ルーズベルトはチャーチルの寝室にもたびたびやって来た。浴室を出て裸のままのチャーチルにばったり会うこともあった。

チャーチルはホワイトハウス内にもマップルーム（地図室）を用意したが、その影響か、ルーズベルトも自前のマップルームをホワイトハウス内に作った。ルーズベルトの趣味は切手蒐集と地理への関心だったから、毎日一度はマップルームに入るのがルーズベルトの楽しみになった。マップルームはホワイトハウスの中で最も警戒が厳重で、入口には二四時間海兵隊員が立っている。

二四日の会談でルーズベルトは、①太平洋地域の米軍を割いて英領シンガポールと豪州防衛に当てる考えと、②米軍を北アイルランドに派遣すれば、ここに駐留している英軍は中東方面へ廻せるのではないか、と話した。

米陸軍のマーシャルは米軍によるシンガポール防衛案には困惑した。また英軍首脳も米英軍の連合軍化には同じように困惑した。

一二月二五日のクリスマスには、チャーチルとルーズベルトは一緒に教会に行った。その夜、ホワイトハウスで賓客五〇人の夕食会がエレノア大統領夫人主催で開かれた。エレノアは一族の元大統領セオドア・ルーズベルトの実弟の長女である。二人の間には四人の息子と娘一人が生れた。その後、夫と自分の秘書ルーシーが愛人関係になっているのに感づいたエレノアはルーシーを解雇し結婚させたが、大統領が死ぬまでこの愛人関係が続いた。このような背景があったため、晩年の大統領夫妻の間は冷たかった、と言われる。

一二月二六日、チャーチルは議会で上下両院議員を前に演説した。

ホワイトハウスでの両巨頭会談では、ルーズベルトは海軍関係の意見を求める時はキング提督の方を向く。キングは僅かに顔を振って周囲の人に分らぬように賛否の意向を伝えた。両巨頭の間で次の二点が合意された。

①太平洋方面はワシントンが司令塔。

②大西洋、欧州、北アフリカはロンドンが司令塔。

一二月三〇日、チャーチルは列車でカナダのオタワへ行き、議会で演説した後、ワシントンに戻った。厳寒のオタワとワシントンの寒気は身に堪えた。飛行機で南国フロリダのマイアミに近いポンパノに行き、そこで五日間静養し、パームビーチで自ら海水浴を楽しんだ。悠々と休養して英気を養うのがチャーチルのやり方である。マイアミでは、ワシントンにいるルーズベルトや英軍参謀長、それにロンドンとは常に連絡を怠らなかった。

ルーズベルトも、一週間程度の休暇を取り、ハイドパークの自宅で休養することが多かった。首相官邸の日本間で深夜まで資料整理に没頭する東條とは全く違った。

ポンパノの宿舎にルーズベルトと三選目の大統領選挙（一九四〇年）を戦った共和党のウエンデル・ウイルキーがやって来た。ルーズベルトの政敵と会うことにチャーチルは神経を遣った。当然、ルーズベルトの耳に入る。余談だが、女好きで知られたキングのかつての愛人がこのウイルキーの妹だったことも記しておく。

一月九日の夜、ポンパノを列車で出発し一一日にホワイトハウスに帰った。フロリダ滞在中に口述筆記させてまとめた、戦争遂行に関する二部四項目の覚書を英軍参謀長会議と戦時内閣の国防委員会へ送った。

ワシントンに帰り、両巨頭、両軍首脳の間で、英米軍による北アフリカ作戦が合意された。大戦の真最中に英国を離れ、長期間米国に滞在してルーズベルトと差しの会談を続けることは、英米間緊密化戦略に大きく貢献した。チャーチル以外でこれが可能だった人はいなかった。

帰途はノーフォーク軍港から飛行艇で英領バーミューダ島に飛び、ここから戦艦デューク・オブ・ヨークで大西洋を横断することとした。英軍情報部は米東海岸近くに多くのUボートが出没しており甚だ危険と考えている。行程や日時は厳秘が守られなければならない。

一九四二年一月一四日夕刻、ワシントンの七番街駅から随行員九二名を乗せた特別列車が出発した。一六日早朝、特別列車はノーフォーク駅に到着。午前六時三〇分、通称クリッパーと呼ばれるボーイング３１４飛行艇に二二人が乗り込んだ。肥満体のチャーチルは二一〇ポンド（九五キロ）あり、乗員の中では機長の二二一ポンドに次ぐ重さだった。

好奇心旺盛なチャーチルは操縦席に入って操縦桿を握った。それも葉巻をくわえたまま。二時間の飛行でバーミューダ島に着いた。ここで予定を変更して、ここから英国までもクリッパーを利用することとした。首相と三軍参謀長などの高官が同一機に乗るのは危険であり、英国王は禁じていたので、チャーチルはこの件は事後報告することとした。

クリッパーは一七日朝一〇時出発準備に入り、一一時三六分に離水。帰路行程の半ばを過ぎた時点で、①空路を利用して帰国する、②特別列車を用意しておくように、の二点をロンドンに打電した。一八日の朝九時四九分に英本土のプリマスに着水。プリマスのノースロード駅には特別列車が用意され、午後三時一五分にロンドンに着いた。サンデーデスパッチ紙はチャーチルの飛行艇による大西洋横断を「今次大戦での最も大胆な飛行」と書いた。

後にチャーチルは最初のワシントン会談について、『第二次大戦回顧録』第三巻で次のように書いている。

「米国人は基礎が作られれば、ラインはそれに従って動くという考えだ。英国人は違う。変化しつつあり、不透明な状況下では、理論明快な原理・原則は、必要な唯一の鍵とは考えない。戦争でも、英国人はその場その場の機会主義（opportunism）でやる。米国人は大規模、広範囲で概括的、かつ論理的結論に持っていくのが普通だった。英国人は全く異なる。急速に変化しつつあり、不透明な状況下で、論理的で、明快な諸原則が必ずしも何をなすべきかの唯一の鍵である、とは我々は考えない。戦時においては特に、展開中の出来事に従って、機会主義的かつ即席的に行動し、勝利を求める方が基本的決定に縛られ、支配されるよりも、より重要であると、考える。この二つの見解は一方への強調にあるのだが、なかなか根の深いものがある」

戦略の青写真を書いて、これに従って作戦を考え実行しようとするのが米国人で、日々変化する戦況に合せて臨機応変な対処策を考えるのが英国人のやり方、とチャーチルは言う。大戦中に何度も英米首脳会議が開かれたが、問題が対立する場合には、この英米人の思考方法の違いが原因となることが多かった。

最初のワシントン会談（コードネーム、アルカディア）での最大の成果は連合参謀長会議（CCS; Combined Chiefs of Staff）創設だった。事務局はワシントンに置かれ、英国から派遣されたディル前陸軍参謀総長を長とする高級将校がワシントンに常駐し、米国関係者と密度の高い会合を持って、ロンドンとの交渉役になった。

チャーチルは『第二次大戦回顧録』で、次のように書いている。

「最初のワシントン会談―アルカディア―で、今では有名な連合参謀長会議が創設された。これは最も価値があり、その後の成果をもたらしたと歴史家は考えるだろう。英米両軍の合意を各前線の指揮官達に明確な説明として送ることに過ちはなかった。前線の実動士官達は、この命令は連合軍が意味するものとして、英米両政府の権限ある者によって作られたものだと知っていた。連合国間で設置された戦争遂行機関として、これ以上有効なものはなかった」

その後、連合参謀長会議はカサブランカ、ワシントン、ケベック、テヘラン、カイロ、マルタ、クリミアでも開催され、大戦中、二〇〇回に及ぶ会合を持った。この会議は早朝に開催され、大体、午後に合意に達した。そうでない場合は夜に及ぶこともあった。もちろん、鋭い対立もあったが、フランクで礼儀があり、熱ある討議が行われるのが通常であった。言葉が共通しているのは都合がよかった。鋭い対立で雰囲気が険悪になるのは、決って米海軍トップのキングがチャーチル戦略に直截的に反対する時だった。チャーチルは、米マーシャル参謀総長を「勝利の組織者（Organizer of Victory）」と激賞する一方、キングをトラブルメーカーと酷評した。この会議で検討された結果はルーズベルトとチャーチルに届けられる。連合参謀長会議は、最も有効な戦争遂行機構となったのだ。

8　米軍統合参謀長会議とは

大統領直轄の組織

ここで、米軍の統合参謀長会議（ＪＣＳ: Joint Chief of Staff）の歴史と第二次大戦中のメンバーを簡単に紹介しておく。

陸海空の三軍（空軍は大戦中は陸軍航空軍、戦後の一九四七年に独立して空軍に）は、戦術方法や居住環境、それに移動方法やそのスピードも異なるから、思考方法が異なってくる。軍服や階級称号も異なる。キャプテンと言っても、陸軍では中隊長クラスの大尉で、海軍では大艦の艦長クラスの大佐。少佐、中佐、大佐の称号は、陸軍がメジャー、ルーテナント・カーネル、カーネル。海軍はルーテナント・コマンダー、コマンダー、キャプテンだ。将官級でも、陸軍はゼネラル、海軍はアドミラル。空軍は陸軍航空隊主体で発足したから、階級称号は陸軍と同じで、軍服も陸軍式。旧日本軍でも、陸軍が大佐、大尉を「たいさ、たいい」と発音したが、海軍では「だいさ、だいい」と呼んだ。

このように、軍服の違いが一目瞭然で、階級称号が異なり、思考方法に相違があるから、世界中どこの国でも、海軍、陸軍、空軍は仲が悪い。しかし近代になると、陸海空軍の共同作戦が必要となった。このため、三軍の作戦を調整する組織がつくられた。慣習憲法下の英国では、戦時宰相は柔軟に対処し、例えば国防省を創設して三軍を統制、制御できた。しかし成文憲法で厳密に規定されている米国や日本では柔軟な対処が難しい。日本はこの点全くお手上げだったが、米軍は試行錯誤して三軍調整の組織を育てていった。

一八九八年の米西戦争によって、米国はスペインから比島（フィリピン）を割譲させ、植民地化した。比島の近くには日本領の台湾（日清戦争による一八九五年の下関条約で日本に割譲）がある。比島に上陸して占領する軍事力を持っているのは日本だけだ。比島防衛作戦には陸海軍の共同が不可欠となった。この共同作戦を調整するため陸海軍長官の諮問機関である統合会議（Joint Board）が創設された。議長には、米西戦争時のマニラ湾海戦の英雄デューイ大将が指名されたものの、権限が小さく有名無実化した。

第一次大戦後、陸海軍共同作戦の必要性が大きくなり、一九一九年に統合会議は装いを新たにして再出発したが、陸海軍長官の諮問機関には変わりなかった。

第二次大戦直前の一九三九年七月、ルーズベルトはこの統合会議を大統領の直轄とし、メンバーは陸軍参謀総長と海軍作戦部長とし、統合参謀長会議（ＪＣＳ）と改名した。これは、法制化したものでも、大統領令によるものでもなく、大統領の考えだけでそうしたのであった。法制化しようとすれば、軍の発言力増大を嫌う議会の反発を受ける。ドイツ軍国主義の柱は参謀本部であり、このような組織は米国の建国の精神に悖《もと》るというのが議会の考えだ。文書による大統領令で公然化すれば、どうしてもこれに硬直的に縛られる恐れがある。大統領の一存で柔軟な運用ができるようにするためには、そんなものは障害になる。かくして、大統領の指示のみで統合参謀長会議が生まれ運用されたのであった。統合参謀長会議はルーズベルトのリーダーシップによって生まれたものであった。

英軍との連合参謀長会議が創設されると、英軍の空軍参謀総長のカウンターパートとして、陸軍航空隊司令官が米統合参謀長会議のメンバーとなり、大統領との連絡役として議長ポストも作られた。この統合参謀長会議は実質的な参謀本部として、第二次大戦中の米軍を指揮した。空軍の独立や国防総省の創設と共に、統合参謀本部が法制化されたのは、戦後一九四七年の国家安全保障法制定によるものである。このように、試行錯誤して三軍の統合・調整組織が米国では生れた。

日本では、明治天皇から戴いた欽定憲法（明治憲法）は「不磨（不滅）の大典」視され、米国のような組織の創設や運営は不可能だった。

個性派ぞろいのメンバー

◎ウイリアム・リーヒ統合参謀長会議議長

ルーズベルトが海軍次官の時、リーヒは海軍長官補佐官であった。ルーズベルト次官はリーヒのバランスのとれた常識と判断力を評価しており、ルーズベルトが大統領になると海軍でのルーズベルト閥の代表的存在になった。リーヒは大統領の軍事参謀長になってホワイトハウスにオフィスを与えられた。軍の作戦関係、人事関係には直接タッチすることはなく、ルーズベルトと統合参謀長会議との連絡役に徹した。

◎ジョージ・マーシャル陸軍参謀総長

英国防省事務局長のイズメイは、「どんな言葉を使おうが、偉大な男で、全く無私。些細なことや小事、それにそれがどんな不愉快なことであっても、どんな任務からも彼が逃げることは想像不可能で、重厚な威厳で以て職務を遂行した。最初は冷たく、孤独のように見えた。ニックネームやクリスチャンネームは決して使わなかった。アイゼンハワーをアイクと呼ばないし、英軍のジョン・ディルをジャックとも言わなかった。彼の誠実は揺るぎないもので、たくらみや特別の嘆願を特に嫌った。人材の抜擢には驚くほど成功した。准将に昇進したばかりのアイゼンハワーを欧州の全米軍司令官に選んだのは、天才のなせる技だ。高級指揮官の選抜も、結果からこれを立証している」とマーシャルを評している。

マーシャル

マーシャルは米陸軍主流のウエストポインター（陸士卒）でなかった。マーシャルが中佐で田舎の連隊長時代、マッカーサーはすでに参謀総長（大将）だった。第二次大戦中に参謀総長となったマーシャルは配下となった傲岸不遜の大先輩マッカーサーの言うことは大体において聞く態度で、この大物を如才なく動かした。

◎アーネスト・キング合衆国艦隊司令官兼海軍作戦部長

イズメイはキングを、「古釘のようにタフで、頑固に彼自身が火かき棒のように（連合参謀長会議を）掻き回した。無愛想で打ち解けず、無作法に近かった。最初から、英国のもの全て、特に英海軍に不寛容であった。同じように米陸軍に対しても不寛容で懐疑的であった。対日戦は、彼の生涯をかけて研究した課題で、日本打倒以外に米国の資源を使う考えに憤慨していた。チャーチルの言葉を信用せず、チャーチルがルーズベルトを口車に乗せて、太平洋での戦いを無視させるのを恐れていた」と評している。

キング

チャーチルは、事ごとに自分の戦略に反対するキングを「例のトラブルメーカー」と呼んで嫌った。キングの英国嫌いは有名で、ダブル・ボタンで黒の英海軍式軍服を太平洋戦争中にシングル・ボタンの灰色軍服に変えさせたほどだ。しかし、新軍服は陸軍軍服に似ていると不評で、戦後は再び英海軍式になった。ちなみに、海上自衛隊の軍服も英国海軍式である。

英国側はキングを「戦時には輝く男だが、平時には絶え間なくトラブルを起こす男」と見ていた。大酒のみで、六人の娘と一人の息子がいるが、大の女好きで偏狭のかんしゃく持ちだ。

部下に厳しいだけでなく、英側に評判のいいマーシャル陸軍参謀総長やアーノルド陸軍航空隊司令官に対する人物評も辛辣だった。マーシャルは「出来る男」かもしれないが、頭が悪く時々へまをやる。アーノルドはマーシャルの「イエスマン」で、自分で何を言っているのかわからない男だ……。キングが例外的に評価したのは、部下ではスプルーアンス、英側では東アジア地区英軍司令官のマウントバッテン海軍中将、それに英空軍トップのポータル空軍参謀総長くらいだった。後に、英海軍軍令部長になるカンニンガムとは事ごとに角を突き合わせた。カンニンガムはキングが意識的に自分を怒らせているのでは、と思った。

◎ヘンリー・〝ハップ〟・アーノルド陸軍航空隊司令官

航空戦力を際限なく信じるベテランの航空屋。ワシントンの後方から素晴らしい働きをし、英側のポータルとは友情と信頼で結ばれ、多くの困難を対処した。常に快活で微笑を絶やさない。ニックネームのハップ（Hap：幸運とかチャンスを意味する口語）が彼の人柄をよく表している。航空戦力の広報には卓越していたが、実戦指導に関してはシュバインフルト昼間爆撃*に見せたようなリアリズムの欠如を指摘する向きもあった。

＊一九四三年一〇月一四日、ドイツのボールベアリングの大部分を製造するシュバインフルト周辺の工場群を、護衛戦闘機なしで〝空の要塞〟B17三〇〇機による昼間爆撃作戦を命じたが、独軍戦闘機の激撃により、六〇機のB17が撃墜され、一一七機が大損害を受けた。

攻撃精神旺盛なアーノルドは、マリアナからの日本本土空襲に際しても、戦意不足として二人の指揮官を更迭し、学歴もなく、ウエストポイントとも陸大とも無関係で、第二次大戦勃発時は大尉だったカーチス・ルメイを毎年のように昇進させ、三〇歳代の少将に抜擢し、日本本土の主要都市を焦土化せしめた。

歴史家チャールス・ルイス・ブロードは次のように言う。

「幾多の巨頭会談のうち、第一回ワシントン会談ほどの成果を収めたものはなかろう。それは、近代の戦争で他に類のない協調の基礎を築いた会談であった。この会談で、戦略についての意見の一致を見、作戦の青写真が認められ、司令部の機構が作られ、連合国共同宣言が調印された。しかし上記の事柄は、米英が真に一体となって戦争を戦い、統合された参謀部（連合参謀長会議）から単一の指令を出すことが決定したことと較べれば、些細なものだった」

9　欧州戦線重視の英国と対日戦重視の米国

一九四二年に入ると、欧州に第二戦線を展開すべきか、どうかが問題になった。当時、欧州東部の独ソ戦線を「第一戦線」、欧州西部で米英連合軍と独軍が対峙する戦線を「第二戦線」と呼んだ。チャーチルは「我々はまだ強くなっていない」との態度をとってきたので、早急な第二戦線を望む米国側の感情を害していた。

五月二〇日、ソ連のモロトフ外相がロンドンにやってきた。欧州大陸で第二戦線構築作戦を迫る任務を帯びていたのだが、チャーチルは今年中に第二戦線を展開することが如何に難しいかをモロトフに説明した。

モロトフはワシントンに飛び、ルーズベルトと会った。ルーズベルトは、ソ連を救うためには犠牲もやむなしと、今年中に第二戦線を考えると答えた。モロトフは再びロンドンに戻ったが、英国側は第二戦線作戦には同意しなかった。

チャーチルは考えた。数個師団を投入して第二戦線を展開しても、犠牲ばかり大きく何の役にも立たず世界の笑い者になるだけだと。戦時内閣もチャーチルの考え方に同意した。

一九四二年中に作戦を展開するとなれば、英軍は一〇個師団、米軍は二個師団を運用するのが精一杯で、輸送船団も不足する。独軍はフランス駐留軍だけで二五個師団の戦力なのだ。後に一九四四年六月に敢行されたノルマンディー上陸作戦では二八〇万人の遠征軍が動員され、米国では四一個師団がいつでも出動できる態勢を整えていた。

一九四二年中に第二戦線作戦を敢行するかどうかは未決定のままだ、もう一度ワシントンに行かねばならない、とチャーチルは考えた。チャーチルの最大の関心は、米国の眼が太平洋に向くのを防ぎ、その眼を欧州に向けることだった。中東と地中海での戦いは、米ソと関係なく、英国独自で戦う必要があった。

一九四二年六月一三日、アランブルーク陸軍参謀総長は米国から帰国したばかりのマウントバッテンの訪問を受けた。マウントバッテンは米国でルーズベルトと六時間に及ぶ意見交換をしてきた。ワシントンの眼が太平洋方面に向きつつあると伝えるとともに、チャーチルとルーズベルトの巨頭会談の必要性があると言った。チャーチルの最大の心配は、米統合参謀長会議が「ドイツ攻略第一主義戦略（Strategy of Germany First）」を大きく変更させ、太平洋方面での対日戦へ重点を移すことだった。英国は対独戦争で崖っ淵に立たされている。太平洋方面に眼を注ぐ余裕はない。米海軍のキングは、米国の国力の85％が欧州に注がれており、今後の対日戦を考えれば、太平洋方面に現在の倍の30％を注ぐ必要があろうと事ごとに主張している。太平洋の島々を日本軍が占領して要塞化すれば、その奪回に多くの米兵の血を流さねばならぬというのがその理由である。連合参謀長会議でキングがチャーチルの欧州第一戦略に噛みつくのはそのためだった。

七月、ルーズベルトはマーシャル、キング、ホプキンスの三人をロンドンに派遣した。一〇月一五日までにフランスに上陸し、地上軍、航空軍の橋頭堡を作るというのがルーズベルトの考えで、時期尚早とする英国側との意見調整のためだった。太平洋方面と欧州方面で早く反撃作戦を行って、国内の団結を強めたいとルーズベルトは考えていた。

四月一八日のドーリットル陸軍中佐指揮の陸軍双発機による東京空襲は、ルーズベルト指示による、米国民に見える形での対日戦反撃を実現したもの。六月五日にはミッドウェー海戦があり、さらに近々、ガダルカナル島上陸作戦が予定されている（上陸は八月七日）。

七月一六日、マーシャル、キング、ホプキンスの三人はワシントン空港を出発、ニューファンドランド経由で、翌日スコットランドのブレストビックに到着した。チャーチルの配慮で特別列車が用意され、ロンドンのコーストン駅に着いたのは午前七時五五分。直ちにクラーリッジホテルに入り、ロンドン常駐のスターク（前海軍作戦部長）、アイゼンハワー（欧州派遣陸軍司令官）を二時間後の一〇時に呼んだ。一八日、一九日の土、日に五人はホテルで真剣な討議を行い、翌日の月曜に首相官邸でチャーチルを含む英側との会議が始まった。

英側はフランス上陸作戦を時期尚早とし、妥協として北アフリカ上陸作戦が浮上した。

七月二四日には連合参謀長会議（ＣＣＳ）が開かれた。ＣＣＳとしては三二回目だったが、ロンドンでの会議は初めてである。二五日、ルーズベルトから「北アフリカ上陸作戦了承、早々にワシントンに帰るべし」との電報が入った。ガダルカナル島上陸作戦が目前に迫っている。この作戦は米海軍キングの強い希望で、陸軍抜きの海軍と海兵隊によって行われる予定だ。

七月二五日、夜行列車でブレストビックに向かい、ここの空港から六時間の飛行でアイスランドへ飛んだ。米軍基地を訪問し、夕刻アイスランドを出発、一四時間半の飛行でメイン州のブレスク島に着き、さらにワシントンまで四時間の空路。二七日の朝、ワシントンに着いた。

10　米国の太平洋戦略―キング戦略とマッカーサー戦略

英軍代表としてワシントンに常駐するジョン・ディルは一八八一年アイルランドで生れた。陸軍士官学校を一九〇一年に卒業。チャーチルより六期下である。第一次大戦中は欧州大陸に派遣された英軍旅団、師団、軍司令部の参謀勤務を体験、戦後は参謀学校の教官や校長となり、一九四一年に参謀総長。野戦攻城の勇士というより、有能な参謀タイプ。全て自分でやりたがる個性の強いチャーチルと意見が合わず参謀総長の椅子を追われ、ワシントン駐在の英軍代表となった。米軍マーシャルとの仲は極めて良好で、英米軍の意見調整に大きな力を発揮した。

七月、ディルはチャーチルに「キングにとって、戦争とは対日戦争なのです」と報告している。

米陸軍のマーシャルは、「ドイツ攻略第一主義戦略」論者で、対日戦重視の太平洋方面の陸軍指揮官マッカーサーには不快感を持っていた。これは、傲岸不遜のマッカーサーが、かつての間接的部下だったマーシャルを小僧扱いする態度が見え見えだったことにもよる。前述したが、戦前の一時期、マッカーサーが陸軍大将の参謀総長時代、ウエストポイント（陸士）卒でないマーシャルは陸軍中佐で田舎連隊の連隊長だったことがある。海軍のキングが二、三ヵ月ごとにニミッツをサンフランシスコに呼び、自身も飛んで、細かい指示を与え続けたのに対し、マーシャルはマッカーサーの言うことは、大体そのまま認める態度を取った。

マーシャルは後に、秘蔵っ子のアイゼンハワーを欧州派遣軍最高司令官として欧州へ送った。比島陸軍司令官時代に自分の副官だったアイゼンハワーをマッカーサーは「せいぜい副官が限度の人物」と酷評し、アイゼンハワーの反発を買っていた。

マッカーサー

チャーチルが心配する太平洋方面重視策の主張者は海軍のキングと陸軍のマッカーサーだった。太平洋方面での米国の戦略には二つの考えがあった。陸軍のマッカーサー戦略は、豪州、ニューギニア、比島、台湾、支那本土と、大陸や大きな島を北上して日本を包囲し締め上げる。そのための戦術は陸軍重爆撃機によって日本軍基地の補給線を切断し無力化する。さらに、日本軍兵力の薄い地点に上陸し、北上を重ねる（蛙跳び戦略）。上陸地点には迅速に戦闘機用の飛行場をブルドーザーを活用して造成する。上陸地点が確保されれば、重爆撃機用に飛行場を拡大する。重爆撃機によって海上からの補給線を切断すれば、日本軍基地は熟柿が自然に落ちるように、無力化する。マッカーサーが活用したのは、主としてＢ17重爆撃機航空隊と、ブルドーザーを主力とする工兵隊だった。

これに対して、海軍のキング戦略は米海軍の伝統的なもので、中部太平洋を直進的に西進し、日本艦隊に決戦を挑むもの。この戦略は日露戦争後、日本が西太平洋の大海軍国になって以来、米海軍の対日戦争計画（オレンジ・プラン）の柱となっている。

中部太平洋の島々が次々と日本軍に占領され要塞化されれば、米海軍が反撃して西に進む時、多大の犠牲を強いられることになる。ドイツ攻略第一主義で太平洋方面から目をそらせていると、手痛いしっぺ返しを食うのが目に見えている。

キングは陸軍には頼れないとして、海兵隊の大増強を目論んだ。それまで海軍長官の指揮下にあった海兵隊を合衆国艦隊の指揮下に置くことをルーズベルトに認めさせ、連隊単位で小銃と機関銃が主武器だった海兵隊を師団単位とし、上陸用舟艇、戦車、火砲、近接援護用戦闘機などの重武装をした戦闘集団に変えた。

このキングが対ドイツ戦争を第一とするチャーチル戦略に真正面から異を唱えた。それまでの連合参謀長会議でも、キングは自分の考えを強硬に主張し、英海軍の考えに聞く耳を持たなかった。たまりかねた英国海軍のパウンドが口を挟むと、「かつて英国海軍は世界一だったかもしれぬが、今は違う」と大声を出す。米統合参謀長会議議長のリーヒはキングを「外交的でなく、時々爆発した」と書いている。

11　チャーチル、再びアメリカへ―第二回ワシントン会談　一九四二年五月

チャーチルはルーズベルトとの直接会談が必要と考えた。ルーズベルトの考えとなればキングも反対できない。

極秘問題となっていたのが、「チューブ・アロイス（Tube Alloys）」の暗号名で呼ばれた原子爆弾開発だ。これには莫大な資金が必要で、英国の財政ではとても無理だ。キングへの対処や原爆問題もあり、チャーチルはルーズベルトとの直接会談をやりたい、と考えた。

戦艦バルサム、プリンス・オブ・ウェールズ、レパルスは前年に沈んだ。戦艦バリアントはアレキサンドリア港で客船クイーンメリーとともに重傷を負っている。独戦艦ティルピッツはノルウェーのフィヨルドにいて、ソ連への海上軍事物資輸送護衛船団を攻撃しようとしている。大西洋横断に戦艦を利用する余裕はない。時間節約となれば空路（飛行艇）を利用するしか手はない。

チャーチルは国王に、「空路の大西洋横断には危険が伴う。もし自分が死んだらアンソニー・イーデンを次期内閣首班に任命されたい」との書簡を提出した。

駐米大使を通じて巨頭会談の下打合せが行われた。ルーズベルトは六月一九日から二一日まで、ハドソン川上流のハイドパークの自宅にいる。この時期を利用することとした。

スコットランド南西のストレンレアから出発することとし、飛行艇と特別列車を待機させた。空軍省からは大西洋方面の気象予報が毎日首相官邸に届けられた。六月一四日、チャーチルは

アランブルーク参謀総長と会っていた。翌一五日の午前一一時出発の予定だったが、最終的には一七日の午前一〇時一五分の天気予報を聞いて、一二時一五分にロンドンのユーストン駅を出発し、夜一〇時三〇分にストレンレア駅に到着。

一時間後に飛行艇は離水した。同乗したのは、チャーチルの秘書二人、補佐官一人、速記者兼タイピスト一人、副官一人、陸軍参謀総長のアランブルークと補佐参謀一人、それに戦時内閣事務局長のイズメイ少将。北大西洋をニューファンドランドまで飛び、ここから南下してワシントンという行路である。一四時間半でニューファウンドランド上空に達し、一七時間後にワシントンのポトマック川に着水。その日の夜は英大使館に泊まった。

翌朝、飛行機でニューヨーク市北方、ハドソン川上流のハイドパーク近くの田舎空港まで飛んだ。チャーチルが今まで経験したことのないような、荒っぽい着陸だった。ルーズベルトは自ら自動車を運転して、自宅近くのハドソン川の雄大な絶壁を案内してくれた。この絶壁を臨む台地にルーズベルトの私邸がある。

ルーズベルトはポリオ（小児麻痺）の後遺症で足が使えない。手だけで運転できる車を特注していた。時々、道端の草に車輪が入った。まさか、ハドソン川の絶壁から落ちることはなかろうが、車が故障しないことをチャーチルは祈った。

車椅子生活のルーズベルトは、足の筋肉は退化していたが、両腕は驚くほど太く、頑丈になっていた。ヘビー級チャンピオンだったジャック・デンプシーが「これほど見事な肩の筋肉を見たことがない」と言ったと、ルーズベルトはチャーチルに自慢した。

ハドソン河畔の木立の生い茂った崖に沿って、なだらかに起伏する平地にハイドパーク村があった。この地の大部分はルーズベルト家の農地で、村人の大多数が小作人や下僕などで、生活の基盤としている。日露戦争時代のセオドア・ルーズベルトは日本に好意的だったが、フランクリン・ルーズベルトはドイツと日本を嫌っていた。母親の家は清国からの麻薬輸入（南北戦争時、外科手術に麻薬の需要が大きかった）で財を築いた家で、母は幼少期にかの国で育ったこともあるから、支那贔屓だった。これがルーズベルトに影響した。

名門出身（チャーチルはマールボロー公爵家の流れをひく）、幼少期は家庭教師からの勉強、名門の全寮制中学（ルーズベルトはグロートン校、チャーチルはハロー校）と、二人には共通点が多い。昼食を共にし、庭に出張った小さな部屋で、ハリー・ホプキンスを交え三人で腹蔵ない話をした。その後、アランブルーク参謀総長を招き入れて紹介した。アランブルークは自分の父がルーズベルトの父ジェームズにハイドパークの私邸に招かれたことがあると語った。ルーズベルトはこの話に大変興味を示し、これがきっかけとなり、ルーズベルトはアランブルークを信頼するようになった。

ルーズベルトの自宅で会談したその夜、チャーチルは大統領特別列車でワシントンに向かった。翌朝の新聞は、北アフリカで英軍が独ロンメル軍に破れ、二万五〇〇〇人が捕虜になったことを伝えていた。六月二四日、チャーチルとアランブルークは南カリフォルニアに飛び、空挺部隊の落下傘降下演習を見学。米側はルーズベルトはじめ多くの高官が視察に来ていた。

ワシントンに飛行機で帰り、二五日夜一一時にボルチモアから飛行艇で出発。翌二六日早朝五時にニューファンドランドに着水して給油。直ちに出発し、二七日早朝五時に南西イングランドのストレンレアに着水した。

第5章　ソ連との共闘を模索するチャーチル

1　対独戦をめぐる英ソの思惑

一九四一年一二月、イーデン外相はモスクワに飛び、英ソ間の意思疎通に励んでいた。ソ連側は、占領しているバルト三国と、フィンランド戦争で占領しているフィンランドの一部のソ連領化を英国が認めるよう迫った。これは、大西洋憲章からいっても米国が認めないのはわかっている。

一九四二年四月二三日、スターリンからチャーチルに、モロトフをロンドンとワシントンへ派遣し、三国間での意見交換を図りたいとの電報が入った。五月二〇日、モロトフがロンドンにやって来た。二二日朝、チャーチルはモロトフと公式会談を持った。ソ連の関心はフランス北部に英米軍が上陸して第二戦線（西部戦線）を作ることだった。東部戦線でソ連と戦い、西部戦線で英米軍と戦う両面作戦となれば、ドイツは極めて困難な戦局を迎える。独軍と死闘を続けているソ連としては、英米軍が北仏に上陸して第二戦線を形成し、独軍戦力を西部に引き付けて欲しいというのが切実な要求だった。

チャーチルはモロトフに渡海作戦の困難さを語った。ドイツが英国への上陸作戦を未だに実施していないのは、ドイツがこの地域の制空権を握っていないからだが、同様の問題が英国側にもある。

モロトフは英国滞在中、ロンドン郊外を宿舎として希望していた。このためチャーチルは自分の別荘を提供し、他に移った。この間、二晩だけこの別荘に帰ってモロトフと差しでじっくりと話した。英語に堪能なマイスキー駐英ソ連大使が通訳した。地図を前にチャーチルは熱弁を振った。モロトフは大陸国ソ連と、島国英国の相違がわかったようだった。

チャーチルはスターリンとルーズベルトに盛んに電報を打って、三国間の意見交流を図った。この辺はチャーチルの『第二次大戦回顧録』第四巻に詳しい。

モロトフはその後ワシントンに飛び、第二戦線問題や米国からの軍事物資援助問題を討議した後、再びロンドンに寄り、そこから危険な空路を経由してソ連に帰った。

五月に米国から帰国後のチャーチルの問題は、①北アフリカに進出している独軍とどう戦いを進めるか、②スターリンから強い要望の出ている西部欧州での第二戦線計画の二つだった。

七月になると、チャーチルは①に関してエジプトに行き、続いて②に関する協議のためソ連行きを決意。四発爆撃機リベレーターで、英本土からジブラルタルへ飛び、更にここからエジプトへ飛ぶこととした。前に利用した豪華旅行用飛行艇クリッパーと異なり、爆撃機だから暖房もベッドもない。毛布があるだけだ。

八月一日夜一〇時二八分、英本土飛行場を出発。翌日ジブラルタル着、午後四時六分ジブラルタルを離陸。アフリカ北部には独軍機が出没しているため英戦闘機四機が護衛についた。三日朝五時三〇分（カイロ時間七時三〇分）カイロに到着。

駐エジプト英大使と地中海方面陸軍司令官スマッツ将軍に会った後、カイロから前線のアルマインへ飛んだ。豪州、印度、ニュージーランド、イングランド、スコットランドの各兵からなる英軍が、独軍の二倍の兵力を擁していながら敗れたのをここで知った。第八軍司令官のオーチンレック将軍を更迭し、ウイリアム・ゴット中将に替える決断をする。ゴットは開戦時は大佐で、短期間に三階級昇進していた（英軍には准将の階級がある）。これは、ゴットの戦闘指揮の能力が優れていたからだ。司令官交代に関して、ロンドンの戦時内閣に至急電報を打った。

しかし残念なことに、ゴット将軍はカイロに向かう途中、独軍のメッサーシューミット戦闘機に撃墜され戦死してしまった。チャーチルはアフリカ軍全体の指揮官にバーナード・モントゴメリー将軍を任命し、再びカイロに帰還。

2　スターリンの人物像

ここでスターリンの人物像を紹介しておく。

西に黒海、東にカスピ海に面するグルジア（現在のジョージア）で一八七九年に生れた。父は靴職人、母は一九世紀末になっても存在していた農奴。スターリンは第一次五ヵ年計画の集

スターリン

団農場政策を実行した時に、富農や中農に残酷な処刑を断行したが、これは母が農奴だったという彼の育った環境に根差していた。六歳の時に天然痘に罹り痘痕《あばた》面になり、これが彼の性格を暗くしたと言われる。

九歳で近くの町ゴリのギリシャ正教神学校に入学。卒業後、グルジアの首都チフリス（現在トビリシ）の高等神学校で奨学資金により五年間学んだ。一八九八年、一九歳の時、社会主義組織に入り神学校から退学処分を受ける。その後さまざまな仕事をしたが、一九〇二年に初めて逮捕され一年三ヵ月入牢の後シベリアに流刑となる。一九〇四年一月、イルクーツクに着いた時に逃亡。以降、逮捕歴七回、流刑歴六回、逃亡五回と、三七歳までの一五年間のうち九年間を牢獄で過ごした。最後の流刑地はシベリアで、二月革命後、獄から解かれてペテルブルグに帰った。

一九二一年三月の第一〇回党大会で、レーニン、カーエネフ、ジノビエフ、トロツキーと共に五人の政治局員の一人として選ばれ、翌年党の書記長を兼ねるようになり、党要員の配置を通して権力を集中させた。一九二四年一月レーニンが死去し、五月の第一三回党大会で書記長留任。一九二〇年代末からスターリンの指導下、急速な工業化と農業の全面集団化が始まり、一九三〇年代に党と政府を一身に掌握する独裁的政治体制を築いた。スターリンは後に政敵となるトロツキーと同い年で、レーニンより九歳年下である。

レーニンは、ボルガ川河畔のシンビルスクで、貴族の特権を持つ視学官の家に生れた。皇帝暗殺事件に連座して長兄は死刑となり、姉も五年間のシベリア流刑となった。レーニンもカザン大学で革命運動に入り退学処分を受ける。独学でペテルブルグ大学の法科卒業検定試験に合格して弁護士となる。一八九五年に逮捕され二年後にシベリア流刑。一九〇〇年八月に海外亡命生活に入り、ミュンヘン、ロンドン、ジュネーブと居場所を変えた。第一次大戦後に革命運動がロシア内で起こると帰国。この運動を通してソ連の指導者となった。

さまざまな権力闘争を経てレーニンの後継者として独裁者となったのがスターリンだ。海相、陸相、蔵相などを歴任したチャーチル、海軍次官、ニューヨーク州知事をやったルーズベルト、二人が行政部門の経歴が豊富なのに対して、スターリンの前半生は革命家としての波乱の人生だった。共産党幹部として頭角を現わし、レーニンの死後、革命同志を次々と粛清して権力を握っていった。

権力掌握が完成したのは一九三七年六月以降の赤軍指導者に対する根こそぎ大粛清である。これによってスターリンは軍を完全に支配する独裁者になった。赤軍最高司令部の指導的人物のうち九人が国家反逆罪で逮捕され、翌日裁判、即日処刑されたことが六月一二日に突然発表された。その後も逮捕者が続いた。五人の元帥のうち三人、陸軍最高司令官一五人のうち一三人、艦隊司令官と高級提督九人のうち八人、軍団司令官五七人のうち五〇人、師団長一八六人のうち一五四人……。すさまじい粛清だった。

一九二五年から二八年まで赤軍参謀総長、一九三五年に元帥に昇進し赤軍の改革を進め、多くの著述がある有名なトハチェフスキー元帥もその一人であった。極東軍最高司令官だったブリュッヘル元帥はモスクワに召喚されて一九三八年一〇月に逮捕された。国家反逆罪の自白書に署名しなかったため顔の見分けがつかぬようになるまで殴打され、これが原因で死んだ。処刑はだいたい銃殺刑だったが、ブリュッヘル元帥のように、拷問で死んだ者も少なくない。

一九三七年五月から翌年九月までに大佐級以上の陸軍将校約三万七〇〇〇人、海軍将校三〇〇〇人以上が追放、収容所送り、または処刑された。一九三七年から一九四一年にかけては、高級将校だけでなく、四万三〇〇〇人の大隊長（少佐級）、中隊長（大尉級）の将校も追放、収容所送り、または処刑されている。

軍の各組織には共産党に直属する政治委員が配属され、党からの指示命令を師団長や連隊長に伝えると共に政治教育も担当する。政治委員から疑いをかけられると、軍団長、師団長といえども、左遷、降格、収容所送り、銃殺刑が待っている。その政治委員も秘密警察ゲ・ペ・ウ（G・P・U）の監視下にあった。各地のゲ・ペ・ウ所長は非公開裁判で被疑者を処断する権限を与えられていた。

軍の政治委員にもスターリンは粛清の鉄槌を下した。最高司令部の政治委員一六人全員、軍団政治委員二八人中二五人、師団政治委員六四人中五八人、国防省人民委員代理（副大臣）一一人全員、最高軍事会議委員一〇八人中九八人。

以上はアランブロック『ヒトラーとスターリン』第二巻（鈴木主税訳）による。

スターリン支配の基盤であった秘密警察ゲ・ペ・ウ（G・P・U）による国民監視の例は枚挙にいとまがないが、一九七〇年に『収容者列島』でノーベル文学賞を受賞したソルジェニーツィンの例をあげておこう。第二次大戦末期、前線から友人に送った手紙でスターリンを「ひげ親父」などと形容したことが罪に問われ、約八年間の収容所生活、さらに約三年間の国内流刑の目に会っている（『日本経済新聞』二〇〇八年九月五日夕刊〈追想録〉）。

チャーチルは根っからの反共主義者で、スターリンを自由と文明の敵と痛罵していた。スターリンは独ソ中立条約を結んでいたから、短期間とはいえチャーチルのことをファシストとか資本家的戦争屋と宣伝している。お互いに憎悪していたチャーチルとスターリンが手を結んだのだから、これほど面白いドラマはなかった。もちろん、独軍の攻勢に崖っぷちに立たされていたチャーチルは「敵の敵は味方」でスターリンに近づいたのであるが。

３　スターリンに対する米英両首脳の考えの相違

チャーチルとルーズベルトがスターリンをどう見ていたか。英国の歴史家チャールス・ルイス・ブロードと、英国の政治哲学者アイザリア・バーンの考えを紹介する。

ブロードは次のように言う。

米国の首脳部は、クレムリンの支配者について真実を何も知らないため無条件にソ連を高く評価していた。チャーチルは六ヵ月間ソ連と交渉して、その貪欲さに辟易している。ルーズベルトはクレムリンの人々についてあまり知識がなかった。チャーチルはスターリンの悪い所を巧隠して、ルーズベルトの対ソ観を変えないように努めた。チャーチルとしては、米ソ関係を巧く保ちたかったのだ。ルーズベルトがソ連に対して抱いていた甘い幻想はヤルタ会談まで続いた。若い頃、英国が帝国主義国であると吹き込まれていたので、ルーズベルトは英国より、むしろソ連と緊密になろうと考え、ロシアを信頼しても、英国には不信の念を抱いていた。

バーンは、次のように考えた。

ルーズベルトは、ソ連を人類という次元の社会において同化させることができると考えていたが、チャーチルは懐疑的だった。想像力が豊かで、楽天的、自信に溢れ、快活、経験主義者で恐れを知らず、社会的進歩の急進論者なのがルーズベルト。他方、チャーチルは歴史的想像力が豊かで、世界には実現困難な普遍の構造があると考える。制度や人柄、個人の階級や特性など容易に変わらない構造の存在を信じている。

バーンやブロードの言うように、ルーズベルトはソ連に甘かった。ルーズベルトの「ニュー・ディール」政策は社会主義政策とも言えるようなものだったし、第二次大戦当時のルーズベルトの周辺には数百人のコミンテルン協力者がいた、と言われる。財務省高官だったハリー・ホワイトは、戦後ソ連のスパイ容疑が出て自殺している。いわゆる「ハル・ノート」は、このホワイトが起草し、ルーズベルトが「これで行け」と指示して、コーデル・ハル国務長官から野村吉三郎駐米大使に手交されたものだ。東京でこれを読んだ東郷茂徳外相は眼も眩むような絶望感に襲われた。日本が到底、呑めないような内容が羅列されており、実質的な対日宣戦布告だった。

コミンテルンとは、レーニン率いるロシア（後のソ連）共産党を中心に各国共産党や社会主義グループによってモスクワに創設された国際共産主義運動の指導組織。世界革命を目指したが、一九四三年、ソ連の政策転換によって、解散。

4　チャーチル、モスクワでスターリンと会談　一九四二年八月

チャーチルのモスクワ行きの準備が進められた。一九四二年八月四日、スターリンに対しテヘランから直接モスクワに行きたい旨を電報で伝えた。併せて、自分のモスクワ行きをルーズベルトにも打電した。ルーズベルトから有益だとの返事と、駐英特使のハリマンもモスクワへ派遣する旨の返電が届いた。

ソ連が特に望んでいる第二戦線が一九四二年中には困難なことを、電報とか大使を通してではなく、直接スターリンに会って伝えるのがモスクワ訪問の主目的である。

八月一〇日夜一一時に飛行機三機でカイロを出発し、翌朝八時三〇分テヘラン着。空港にはイラン経験の長い駐イラン大使リーダー・バラード卿が出迎えていた。同行はアランブルーク、テッダー空軍元帥、ロシア語のできるウェーベル将軍、等。駐英米特使ハリマンはモスクワ行きにチャーチルと同行することとなった。ソ連政府はチャーチル搭乗機に二人の将校を派遣して、飛行ルートと飛行中の安全を図ってくれた。

翌一二日朝六時にテヘランを出発。アランブルーク達の乗った二番機はエンジン・トラブルのためテヘランに引き返した。飛行二時間後にカスピ海が見え始めた。チャーチルにとって初めてのカスピ海を越えると、大河ボルガの蛇行が見える。機は激戦地スターリングラード（現在、ボルゴグラード）上空を飛んでモスクワへ向かう。チャーチルは後部席で仮眠を取った。

午後五時頃、モスクワの街が見え始めた。空港にはモロトフやソ連軍の将軍たちが出迎えて

いた。ハリマンは米国大使館で泊まることとなった。モロトフはチャーチルの車に同乗してモスクワから八マイル離れた国営別荘七号荘に案内した。空気を入れるため、チャーチルが少し車の窓を開けると、驚いたことにガラスの厚さが二インチ以上もある。ソ連高官用特別仕立ての車だった。三〇分ほどで別荘に着いた。

別荘では、眉目秀麗の将校がホスト役を務めた。革命前の皇族の末裔だろうとチャーチルは思った。別荘の内部は素晴しかった。長旅を続けたので入浴したいと言うと、直ちに用意された。食堂にはキャビアやウオトカの他にフランス産、ドイツ産のワインが並んでいる。ソ連高官の権力の大きさが窺えた。

その日の夜七時、クレムリンで初めてスターリンと会った。以降三年間、チャーチルはスターリンと何回も会うこととなる。アランブルーク達の二番機が未着なので、会談はスターリン、モロトフ、ウォロシーロフ陸相、チャーチル、ハリマン、それに駐ソ英米大使と通訳達だった。ソ連側の通訳は駐英ソ連大使のパブロフ。会談は四時間に亘った。

チャーチルは、①本年中に英米軍が欧州に上陸しての第二戦線はできないこと、②北アフリカ作戦の遂行とドイツへの空爆の重要性を伝えた。ソ連軍による東部第一戦線と英米軍による西部第二戦線によって、独軍を挟み撃ちする戦略を強く希望するスターリンは、チャーチルの言葉に不満を顔色に滲ませた。その間の会談の詳細を記しておこう。

最初の二時間は、陰気で実りの乏しいものだった。堪りかねて、「腹を割って話そう、真実を討議するのでなければモスクワまではやって来ない」と、チャーチルは第二戦線問題の質問を始めた。モロトフには、本年中にフランス北部に英米軍が上陸して第二戦線を構築する、との約束はしていない、早くとも来年だとチャーチルは説明した。「来年（一九四三年）に大きな作戦を計画中で、春までに一〇〇万人の兵力が米国から英国に渡る。フランス上陸軍は、米二七個師団と英二一個師団による兵力で、その半分は機甲師団だ。現在、米軍は二個師団半しか英国に来ていないが、一〇月から一二月にかけて続々と大西洋を横断して来る計画だ。この計画では本年中にはソ連への大規模援護とはならないだろうが、来年になると独軍は西部フランス方面に自軍以上の強力な敵に対することになる」。

これを聞いたスターリンは顔をしかめたが、何も言わなかった。チャーチルは再び、本年中にフランス海岸に上陸できない理由を説明した。「問題は上陸用舟艇の不足だ。英米で大増産しており、来年になれば現在の八～一〇倍の数となる」。

スターリンは見る見る不機嫌な顔になった。チャーチルの説明に納得せず、「どこでもいいからフランス海岸に上陸できないのか」と尋ねる。大地図を指さしながら、英仏海峡のどの地点も制空権を万全にすることの困難さをチャーチルは説明するが、スターリンは納得せず、戦闘機の行動半径を尋ねる。「確かに、航続距離では飛行行動範囲になるが、空中戦になると消費燃料が激増するので帰れなくなる」。スターリンは言う。「相当の戦力を有する仏駐独軍師団は一個師団もないのではないか」。チャーチルは言う。「フランスには二五個師団の独軍が駐留しており、その内の九個師団は第一級師団だ」。スターリンは違う、と首を振った。

ここで、チャーチルは言った。「この件では、英国のアランブルーク参謀総長とロシア語のできるウエーベル将軍を連れてきた。ソ連軍参謀本部と共同して詳細な検討を加えて欲しい」。

スターリンは益々不機嫌になって、「大兵力ではなく六個師団程度の上陸による第二戦線すらできないと理解してよいか」と尋ねる。チャーチルは然りと応じ、「六個師団程度ならできるが、来年に計画中のものと較べると、損害は甚大なものとなろう」と答える。スターリンは落ち着かなくなり、「リスクを取らない男は戦争に勝てない、そんなに独軍を恐れる理由がわからない、自分の経験では軍隊は戦闘で血を流さねばならない、貴下が軍の血を流さぬなら軍の価値を知らぬからだ」と不満そうに言った。

チャーチルは応じた。「大戦初期の一九四〇年に英軍には訓練された兵が二万人、砲が二〇〇門、戦車が五〇両しかなかったのに、ヒトラーがなぜ英本土上陸作戦をやらなかったのか。ヒトラーはこの作戦に逡巡したのだ。海峡横断作戦は容易ではない」。

スターリンは言う。「英本土上陸作戦とフランス海岸上陸作戦とは異なる。英国に上陸すれば英国国民の反抗がある。フランスに上陸すれば、フランス国民は英国側に立つのではないか」。暫し沈黙が漂った。チャーチルは大地図の地中海、北アフリカを指さしつつ、「第二戦線は一つだけだろうか、地中海、北アフリカ方面での作戦でも、ドイツへの牽制になろう」と懸命に説得した。続いて、ドイツへの空爆に話が移り、これにはスターリンは期待すると発言。互いの緊張がほぐれた。

チャーチルは思った。同盟国間では平明、率直な意見交換が必要だ。口外無用と釘を刺しつつ、英米が計画中の仏領北アフリカ上陸作戦を詳細に説明した。スターリンは、時期はいつかと尋ねた。チャーチルは、遅くとも本年一〇月三〇日までにはやる、ルーズベルトとの間で一〇月七日を考えていると応える。ソ連側の三人はほっとした様子だった。チャーチルは説明する。「地中海と北アフリカを制した後、欧州に向かう予定なので、地中海、北アフリカ作戦はフランス上陸作戦と大いに関連がある」。

チャーチルは鰐《わに》の絵を描いて説明した。「固い背中でなく、まず柔らかい腹の部分を攻撃するのだ」。スターリンは関心を示し「その説明はよくわかる」と言った。「地中海と北アフリカ作戦後に北フランス上陸作戦をやる」とチャーチルは重ねて説明。

四時間の会談は終った。クレムリンから車で三〇分の別荘に帰ると疲れていたが、英国の戦時内閣とルーズベルトへの報告を、同行している速記者に口述してから、長い、ぐっすりした眠りに入った。

翌朝、遅く起きたチャーチルは別荘内を巡った。国立第七別荘と名付けられたこの別荘をチャーチルは気に入った。二〇エーカーの広さで、樹木、芝生、草花が美しい。いくつかの泉があり、大きなガラスの水槽には各種の金魚が泳いでいる。一〇〇ヤード離れたところに防空壕があったので見学した。エレベーターで八〇～九〇フィートの地下に降りると、厚いコンクリートに覆われた八～一〇の大きな部屋がある。部屋の間は重いドアで仕切られている。照明や家具は豪勢なもので、チャーチルは水槽の金魚以上に魅了された。

夜一一時にクレムリンを訪れ、スターリン、モロトフ、通訳のパブロフの三人と差しで話し合った。エンジン・トラブルで遅れて到着したアランブルーク陸軍参謀総長もチャーチルと一緒にスターリンと会った。アランブルークによれば、スターリンの印象は、抜け目のない、狡猾・老獪なリアリストだった。外交的お世辞は一切口にしない。後のヤルタ会談で同席した米海軍のキングも同じような印象を受けている。

この会談は不愉快なものだった。スターリンは英国人の勇気のなさを嘲い、英国が独軍との戦闘をあまりにも恐れていると発言。これにはチャーチルが怒り、驚いたスターリンは以降は態度が変った。二人とも夜型人間だ。深夜から早朝まで意見交換した。

モスクワには三日間滞在し、八月一六日の早朝、モスクワを出発した。機中ではぐっすり眠った。目が覚めると、カスピ海の上空を過ぎ、エルブールズ山脈上空に近付いていた。午後三時テヘラン着。ここからカイロに戻り一週間滞在した。帰国は再びジブラルタル経由とし、ジブラルタルから八月二四日の朝に帰国する旨の電報を打つ。二三日一一時四〇分にジブラルタルを出発。翌朝七時四三分にリネンハム着。特別列車を利用してロンドンに到着したのは午前一一時一五分だった。

帰国後、チャーチルは下院で演説した。「スターリンは傑出した人物で、困難な時にも強固な意思と勇気を備えた人である。また、冷静で、いささかの幻想を抱いていないという印象を私に与えた。善良で忠実な盟友になれると信じる」。

ルーズベルトがソ連に幻想を抱いていたのと異なり、チャーチルは第一次大戦後にロシアに共産政権が誕生した時以来の強固な反共主義者であったが、当面の大敵であるナチス・ドイツから英国を守るためには、スターリンと組んでドイツの兵力を東部のロシア戦線に割かせることが必要と考えた。また、対独戦の勝利のためにはロシアの戦力が不可欠と考えた。だから、この下院演説の「スターリンは善良で忠実な盟友になれると信じる」というのは、もちろんソ連を味方につけるための方便であった。ちなみに、米海軍のキングも、ドイツ打倒に最も力のあるのは、その地理的位置や人的パワーからしてソ連であるとして、そのためのソ連への武器援助を惜しんではならない、としていた。

第6章　連合国首脳会談に奔走するチャーチル

1　カサブランカでの英米首脳会談　一九四三年一月

モロッコに英米首脳、軍幹部が集まる

一九四二年一一月、米軍は北アフリカに上陸。モントゴメリーに率いられた英軍はエルアルメインで勝利した。対独戦争勝利の鍵は東部戦線でのソ連軍にかかっており、スターリンは西部戦線（第二戦線）を熱望しているが、チャーチルは次の理由により、一九四三年中の英米軍フランス上陸による第二戦線形成に懐疑的だった。

①独軍がノルウェーを占領していて、フィヨルドを根拠地とする独海軍の存在により、北極海経由の対ソ軍需物資援助の海上交通線が危険状況だ。

②独軍が占領しているバクー油田への空爆実施と共に、トルコに進出して陸路からの対ソ援助ルート確立がより重要である。

スターリンと再び意見交換が必要だった。しかし対独戦争が酣《たけなわ》となっている一九四三年初期にチャーチルのモスクワ行きは危険極まりない。ロンドン、ジブラルタル、カイロ、テヘラン、

モスクワと五つの空港を経由しなければならない。スターリンとの会談は難しかった。そこで、次の理由でチャーチルとルーズベルトの巨頭会談がロンドンでもワシントンでもない、北アフリカのモロッコ、カサブランカで行われることとなった。

①ロンドンやワシントンで行えば、受け入れ側は日常業務から離れられないので全関心を戦争指導協議に集中できない。公式会議や公式会食を除いて、互いの接触がほとんどできない。

②カサブランカでの会議とすれば、全員が同じホテルで寝食を共にし、日常業務から離れて一緒に仕事ができる。互いにバーで飲み、海岸に散歩に出かけ、夕刻には互いの部屋を訪問する。相互理解はそんな環境下で実るものなのだ。

③厳寒のロンドンやワシントンと比べ、北アフリカは温暖だ。ホテルの設備はいいし、ここでは戦時下であっても、食事、酒、煙草は全く自由で制限がない。

カサブランカへは巡洋艦で行くことをチャーチルは望んだが、空軍参謀総長ポータルが反対した。ビスケー湾、アゾレス諸島、マデリア、ジブラルタル方面はUボート三〇隻が活動中だ。空路を利用するとすれば、四発爆撃機のリベレーターか四発飛行艇クリッパーとなろう。リベレーターは快適な設備は全くないが速度は速い。クリッパーはその逆だ。出発日は一月一一日の予定だった。天気予報によればジブラルタル付近の天候が飛行艇には好ましくないのでリベレーター四機で行くこととなった。

一月一一日午前五時三〇分の出発予定が天候不良で延期され、一三日の明け方前の深夜にロンドンのベンソン飛行場を出発。同日午前一〇時二〇分にカサブランカ近くのメデオウナ空港着。随行する三機も一一時五分までに到着した。ルーズベルトが到着するのは二日後。英参謀長達は二日間、長時間に亘って米参謀長との会議（CCS、連合参謀長会議）の議題について討議した。チャーチルは休憩に入った参謀長らと共に、海岸を散歩して英気を養った。

カサブランカはモロッコの良港として知られ、第一次大戦直前の一九一二年、フランスがモロッコを占領以来、欧州風の街になっていた。全人口は二五万人で、戦前には七万人の欧州人（そのうち英人は一〇〇〇人）がいた。

二日後、ルーズベルトが到着。米側はルーズベルトの他、政治顧問のハリー・ホプキンスや統合参謀長会議メンバーだった。北アフリカで米軍を率いるアイゼンハワーや、北アフリカの英第八軍を率いるアレキサンダーも前線からやって来た。亡命フランス政府代表として、ド・ゴール、ジローの両将軍も参加した。チャーチルはド・ゴールの言動を苦々しく思っていた。自国が崩壊して亡命者の一人に過ぎないのに、自分の背景に二〇〇個師団の陸軍を持つスターリンのような態度をとったからだ。

カサブランカ会談
前列左からルーズベルト、チャーチル

対日開戦直後のワシントン会談で、米英軍トップによる連合参謀長会議（CCS）が創立されたことは前述した。この会議には例外を除いて、チャーチルもルーズベルトも参加しないが、会議内容の詳細をチャーチルは全て報告させている。外国滞在時は特にそうだったが、詳細な情報を求めるチャーチルの性癖を英軍トップはよく知っている。

カサブランカ会談中の一月一六日から一七日にかけて決行されたベルリン夜間大空襲の詳細な報告が遅いのでチャーチルが怒った。

連合参謀長会議は毎日二回か三回、一〇日間に亘って開かれた。北アフリカから独軍を追い払った後の米英軍をどう活用するか。英海軍のマウントバッテンはサルジニア上陸作戦に、英陸軍のアランブルークはシシリー島上陸作戦に使用すべし、と考えていた。

チャーチルの戦略に真っ向から反対するキング

連合参謀長会議では米海軍のキングが、太平洋方面の重要性を説き、地中海作戦には反対した。シシリー島上陸作戦をやるのなら、必要なお供（輸送船や上陸用舟艇）を見つけねばならない。チャーチルのイタリア本土やバルカン半島進撃作戦にも真っ向から反対した。キングは言う。「ドイツを破るには、北フランスに上陸してライン川を渡り、一気呵成にドイツ本土に攻め入るのが軍事戦略の基本だ。回り道して戦力を無駄に浪費すべきでない。地中海作戦をやるには多くの艦船を割かねばならぬ。イタリア本土に攻め込んでも、軍事的に何の意味があるのか。イタリア国民の食料に心配せねばならなくなり、大量の輸送船が必要となる。ドイツをやっつけるため、バルカンへ兵力を割くのは下の下だ」。

イタリア、バルカン、東部欧州に政治的影響力を植えつけるには、この地に軍を進めておく必要があると考える帝国主義的政治戦略家チャーチルと、純粋軍人キングとの違いである。もちろん、チャーチルには政治戦略だけでなく、軍事戦略の考えもあった。第一次大戦では、独仏両軍の対峙する西部戦線が塹壕戦となり膠着して、新たな戦力をたとえ投入しても甚大な犠牲が予想される故、迂回ではあるが、ダーダネルス海峡侵攻作戦でトルコを破って、この方面でのロシア軍への圧力を減らし、東方からドイツへの圧力をかける作戦―結果的には失敗したが―を考えたように、また、スターリンに、鰐《わに》の固い背中（独軍の駐留するフランス北部方面）よりも柔らかい腹（地中海方面）から攻めるべし、と説明したように、イタリア、バルカン、東欧方面侵攻作戦を主張したのだ。

チャーチルがルーズベルトとの間で直接的に大綱を決めようとする理由の一つは、米海軍キング提督を英海軍首脳が説得するのは難しいと考えたからだった。

欧州作戦では米英は何とか一致したが、太平洋方面ではキングの強い意向があり一致しない。キングは言う。「英軍によるビルマ侵攻作戦（アナキム作戦）を早くやれ。ビルマ・支那間の道路を開通させ、重慶の蒋介石政府支援ルートを作れ。日本陸軍を支那大陸に釘付けしている蒋介石軍が崩壊すれば、百万を超える日本軍が太平洋方面の島々や比島に移動してくる。これは太平洋方面の米軍作戦にとって悪夢だ」。

英陸軍参謀総長アランブルークは日記に書いた。「これでは何も進まない。キングは相変わらず何者をも犠牲にして太平洋方面の戦争に没頭している」。

英側は欧州の対独戦争で手が一杯だ。アジア方面には手を出す余裕がない。米陸軍のマーシャルは元々ドイツ打倒第一主義者だったし、政治的配慮もできる軍人だったが、米海軍を率いるキングは太平洋方面重視論者で、純粋軍事理論を強硬に主張する。英軍首脳陣はキングに手を焼いた。チャーチルはキングを一人昼食に誘った。チャーチルの雄弁にキングは舌を巻いたが、チャーチルの策には乗らなかった。

一月一七日には、ルーズベルト、チャーチル、キングの三人だけの夕食会を行った。対独戦争を今後どう進めるか。米国は英国内に五〇〇機の爆撃機兵力を構築しているが、夜間爆撃のみで昼間の爆撃はまだやっていない。米爆撃機が英空軍と共同して夜間爆撃作戦を行うことをチャーチルは望んだ。意向を汲んだ米陸軍航空隊司令官アーノルドは一月二七日に、独海軍基地ウィルヘルムスハーフェン大爆撃を決断する。

チャーチルとルーズベルトがカサブランカに滞在していることは極秘であったが、会談を終えると、両巨頭は新聞記者会見を行い、日独伊の無条件降伏を強調した。

米側のマーシャル陸軍参謀総長はアルジェリアに立ち寄り、アーノルド陸軍航空隊司令官はインドのデリー経由で、それぞれ帰国した。英空軍参謀総長のポータルはアルジェリアとマルタに出向き、海軍軍令部長のパウンドはアルジェリアに立ち寄って帰国した。

チャーチルとルーズベルトのわずかな休息

ルーズベルトを誘って、チャーチルはカサブランカから一五〇マイル内陸のマラケシに行くこととした。この街の南に横たわるアトラス山脈の雪を頂く峰々が夕焼けに輝く様子を見るためだ。五時間の自動車旅行で両巨頭は車中で話に花を咲かせた。護衛車が伴走し、上空は戦闘機がパトロールした。

マラケシの人口は一九万人でそのうち七〇〇〇人が欧州人。典型的なアラブ風の街である。宿舎は、モロッコ駐在米副領事ケネス・ペンダーの宿所を選んだ。ペンダーは米富豪モーゼス・テイラー夫人の別荘を借りていた。ここにチャーチルとルーズベルトは泊まった。二人は別荘の屋上に出て、素晴しいアトラス山脈の夕映えの眺望を堪能した。チャーチルは画架を立て、二時間油絵に熱中した。絵を描くのを息抜きの愉しみとしていたチャーチルも、戦時は多忙を極め絵を描く時間はなかった。大戦中に絵を描いたのはこの時以外になかったのではないか。あったとしても、勝利が間違いなくなった時点以降だろう。

その日の夕食会は愉快だった。メンバーは一五人か一六人で、皆が歌を歌った。チャーチルが歌い始めると、ルーズベルトも合せて歌い出しコーラスとなった。

一月二五日の早朝、チャーチルに見送られてルーズベルトは専用機でマケラシを離れた。アトラス山脈の上空から再び夕陽に染った山脈を眺めるため、チャーチルは夕刻の出発とし、夕刻六時三〇分、専用機で出発。機は夕陽浴びる山脈を眼下に眺めつつ一路カイロに向かった。大戦中の激務にも拘わらず余裕綽々で、この大戦を愉しんでいるようであった。独軍は北アフリカから撤退していたので空路は安全だった。翌日朝七時一〇分にカイロ着。

チャーチル一行はトルコ政府との意思疎通を図るため、トルコに行くこととした。中立国トルコへは軍服着用では行けない。軍人たちは英大使館で平服を借用した。体に合わない者もいたがやむを得なかった。一月二八日早暁の四時三〇分、チャーチル一行は、リベレーター機より一回り小型のロッキード・ハドソン機に乗るべく飛行場に到着。一〇時に離陸。スエズ運河上空からレバノンのトリポリを越え、トルコ南部の都市アダナの空港に午後一時到着した。

トルコ政府の高官たちは首都アンカラから鉄道でアダナへやって来た。二九日と三〇日の両日、トルコ政府関係者と会談。二月一日、空路で四五分のキプロス島行きをチャーチルは決意した。キプロスは政治的に不安定な状態にあり、英国の存在を示すためであった。キプロス島からはそのまま帰国した。

2　第三回ワシントン会談でルーズベルトと直談判　一九四三年五月

客船クイーンメリーで大西洋を渡る

今後の戦略を米参謀長会議メンバーと討議することを名目に、米軍はインドと極東の英軍司令官をワシントンに招いた。チャーチルはこれを聞いて、米の兵力が太平洋方面に向けられるのではないかと心配した。彼らだけではまずい。英軍の参謀長会議のメンバーも一緒になって討議すべきだ。

一九四三年四月二九日、チャーチルはルーズベルト宛に次の内容を協議したい旨の電報を打った。

①シシリー上陸作戦と、完了後の次期作戦をどうするか。
②ビルマ戦線問題
③船舶窮迫問題
④自分は五月一一日以降が都合いい。貴下が特使をロンドンへ派遣するというなら、それもいい。

結局、チャーチルはワシントンに行くこととした。

今や戦争のイニシアティブは連合国側が握ったので、いつ英仏海峡を横切って大陸に反攻するか、ワシントンでの会議で決める必要があった。英国の言う地中海作戦には英国の帝国主義的意図が秘められているのではないか、と米国は疑っている。意見の相違は容易に縮まろうとしない。チャーチルは、ルーズベルトとの直接会談で膝を交えて戦略を話し合う必要があると考えた。高度上空を飛ぶ空路は高齢のチャーチルの健康を考えると疑問だと、医者は言う。Ｕボートの跳梁が頂点になっているこの時期の海路も危険だ。そこで米兵を欧州に運んでくる客船クイーンメリーを利用する手が考えられた。八万トンの巨船は三〇ノットの高速が可能で、食事と就寝に交代制を取ることで、一度に米兵一万五〇〇〇人を運ぶことができる。しかし、独兵捕虜五〇〇〇人を米国へ輸送するのと時期的に重複していること、スエズに駐在していた豪州兵の荷物が原因で南京虫が船内にはびこっている、という問題もあったが、チャーチルは独兵捕虜と同乗でもいい、と了承した。

戦争全体について討議するため、メンバーは大人数になった。軍首脳の参謀長と、イズメイ戦時内閣事務局長、インド軍司令官ウエーベル元帥、ピアース空軍元帥、それに今回の会議では輸送船問題が重要事項となることからレザース海上運輸相が同行することとなった。

この年の三月までに、Ｕボートは一〇〇隻の連合国艦船を沈めていた。英軍情報部によれば、大西洋には一二八隻のＵボートが獲物を狙っており、うち四〇隻がグリーンランド南方を遊弋中だという。

五月四日深夜一一時三五分、ロンドン西部のアジソンロード駅に特別列車が到着し約一時間後に発車。五日午後四時、列車はグラスゴーの外港グリーンノックに到着。直ちにクイーンメリーに乗船。出帆は午後五時三〇分。空母インドミータブルと巡洋艦シーラが護衛についた。空母は独潜水艦と独空軍に備えて伴走する。いつものように、船内にはマップルーム（地図室）が作られ、ロンドンの戦争指導室と同様に最新の電報が続々と入ってくる。

五月六日から七日にかけての深夜、フランスのブレスト沖六〇〇マイルの地点で空母インドミータブルはクイーンメリーから離れた。七日正午頃、ニューファンドランドとグリーンランドの間で輸送船団がUボート五隻の狼攻撃戦術（ウルフパック・タクティクス：多数の狼が集団で弱そうな獲物を狙って確実に仕留めるような戦術）により一三隻沈められたとのニュースが入った。

チャーチルが最も気にしていた北アフリカ戦線で、独伊軍はチュニジアで孤立するまでになり、戦局は峠を越えている。今後、北アフリカ戦線終局後をどうするかが、ワシントンでの重要問題だった。

一行の主要メンバーは一等船室を借り切り、航海中は連日食事を共にし、ワシントンでの会議事項に的を絞って討議を行った。三軍の参謀長会議は連日行われ、一日に二度のこともあった。毎朝、チャーチルは自分の考えや指示を文書化しこれを参謀長達に手渡す。このチャーチル文書を基に、参謀長会議が午前中開かれる。午後はチャーチルも参加して討議する。航海中、連日これを行い、軍首脳とチャーチルの間で戦局に関する認識と考えの一本化が図られた。討議が錯綜すると、チャーチルが決断する。

五月八日、ルーズベルトと協議するためワシントンに向かっている旨の電報を船内からスターリン宛に打った。

軍首脳を集めての会議などがぎっしり詰まっていたため、チャーチルにとって今までの米国行きの中では最も多忙な航海となった。アランブルーク参謀総長の日記によれば、次の事項が船内で討議された。

①ワシントン会談での冒頭の英国側表明の検討。

②海上輸送や造船問題にどう対処するか。

③イタリア崩壊時にどう行動するか。

五月九日正午過ぎ、米巡洋艦オーガスタと米駆逐艦二隻が近づいてきた。これに応じて英駆逐艦二隻が護衛から離れていった。クイーンメリーは一一日の朝、ニューヨーク港に到着。一向は列車でワシントンに向かった。

連日開かれた連合参謀長会議

五月一二日、連合参謀長会議がホワイトハウスのオバールルームで開かれ、チャーチルとルーズベルトも参加。チャーチルは冒頭、次の発言をした。

①前にここに来た時には、北アフリカのトブルクが陥落したとの悲報があった。

②対独空爆が強化された。

③対Uボート戦も峠を越えつつある。

④イタリアの敗北は間近だ。

⑤地中海と北アフリカ作戦の成功により、スエズ運河の利用が可能になり、喜望峰回りの必要がなくなった。

⑥トルコは飛行場を貸してくれるだろう。ここからドイツの石油源であるプロエスチック

油田の空爆が可能となる。
⑦一九四四年にフランス上陸作戦を行いたい。
⑧重慶で頑張っている蒋介石軍への援助問題。
⑨ビルマ、スマトラ、マレー作戦。
ルーズベルトは①シシリー島上陸作戦、②欧州北部上陸作戦、③蒋介石軍援助問題、④対日戦への長期構想を話し、特に対日戦に関してはソ連の対日戦参加が最も望ましいとの見解を示した。

米側は英軍によるビルマ進攻作戦を迫った。英軍がビルマに進攻し、ビルマ・支那国境間に援助ルートを作るのが緊急の事項だ。蒋介石軍が崩壊すれば、大陸に張り付いている日本の大軍が比島や太平洋の島々に移動し、これら方面の要塞化が強化され、米軍の対日進攻が大きく阻まれる。チャーチルは欧州作戦に頭が一杯で、太平洋方面の関心はそれどころでなかった。ビルマのジャングルで日本軍と戦うのは、鮫と戦うために水の中に入るようなものだ。

米英両軍の連合参謀長会議が連日開かれた。

英側は、大西洋横断中の船内で討議を重ねているから、米側に対して一枚岩で臨み、前もって充分検討され作成された文書を適宜提出する。随時、よく纏められた文書を提出できる体制を取っているため、多数の幕僚団を率いてやって来る。これが英側の特色だった。

蒋介石の軍事顧問として派遣されていた米陸軍のスチルウエル（陸軍関係）、シエンノート（空軍関係）の両名も呼び返され、出席した。

英陸軍としては、地中海作戦後、①イタリア本土上陸、②バルカンへの侵攻作戦、それに③

ノルウェー上陸作戦も考えねばならなかった。アランブルーク陸軍参謀総長はチャーチルの意向に沿って、シシリー島上陸からイタリア本土への侵攻の考えを説明した。

英空軍のポータル参謀総長は、対独戦争の鍵はドイツ空爆だと主張し、パウンド軍令部長は対Uボート戦が第一と述べた。

米側は太平洋方面への関心が強く、特に海軍キングの考えがそうだった。このまま放っておくと、太平洋の日本占領の島々が要塞化され、奪取には多大の犠牲が必要になる。それゆえ太平洋方面に最大の資源投入が必要だとキングは強硬に主張し続けた。

マーシャル参謀総長は可及的速やかなフランス上陸作戦に言及。

今度のワシントン会談（コードネーム、トライデント）では、連合参謀長会議が一三回開かれた。英側が最も恐れたのは、米側の関心が太平洋方面に向けられることにあった。太平洋戦略の最も強固な主張者はキングだった。米国の国力の85％が欧州方面に注がれている、太平洋方面に今の二倍の30％を注ぐべし、と孤軍奮闘した。

英軍のアランブルーク陸軍元帥の伝記を書いたアーサー・ブリアントはキングについて、次のように書いている。

「（米国人世論の）スポークスマンはタフで頑固なキングだった。政治的能力や重厚な性格のマーシャルに隠れることはあったが、キングは米軍統合参謀長会議メンバーの中では、最も有能な戦略家だった」。

首脳会談と並行して開催された連合参謀長会議でリーヒは議長役を務めた。リーヒは巧みに議事を進行させる。例えば、マーシャルの説明に対しては、「わかったジョージ。私は一介の船乗りだ。もう一度もとに戻って最初からやってくれないか。単純なものにして、一、二、三、という順序で説明して欲しい」といった調子である。

米側は、カサブランカ会談でできなかった長期的マスタープランの必要性を説いた。キングも友人に「英国人は前に約束したことを忘れ過ぎる」と不満を洩らし、できれば長期的マスタープランを文書化すべきと考えていた。

これに対して、英国側は、戦局の推移に応じた好機会を活用すべきであるとし、「機会主義の方針」を好み、長期にわたる約束は避けたかった。①北フランスへの上陸作戦、②地中海作戦、③蒋介石軍とソ連への武器援助、この三点は合意に至ったが、④対日戦への広範囲な戦略については合意に達せず、両国の考えの差を文書化するのがせいぜいだった。④に関して、米側の望む英軍のビルマ進攻作戦に英側が消極的だったのは、対独戦に精一杯でビルマ作戦の余裕がなかったからだ。

五月一七日の連合参謀長会議では、英側のイタリア本土上陸作戦が持ち出された。キングはこれをナンセンスと嗤《わら》った。伊は独の資源を使わせ、消耗させているのだ。ヒトラーにそのまま伊を持たせておけばいい。伊が連合国側になれば、食料、石炭、その他の物資援助が必要になり、そうでなくとも不足勝ちで困っている大量の船舶が必要になってくる。

英は地中海作戦には熱心だが、ビルマ作戦には不熱心だったから、「欧州枢軸国を無条件降伏に持ち込む可能性と一致する場合に限って日本への攻撃に努める」という案を出した。キングを除くリーヒ、マーシャル、アーノルドの三人は呑もうとしたが、キング一人が反対した。キングは前々より、「英米両国は、①戦争をどのようにして戦い、②戦争全体の努力に対して何に貢献するか、を文書化して両国間の混乱を少なくし、戦争遂行の効率化を図るべし」、としていた。結局、英パウンド軍令部長が「太平洋方面での主要な攻撃作戦が行われる前に連合参謀長会議に諮る」との妥協案を出し、キングも了承した。

キングは「ドイツ第一、日本第二」という戦略に真っ向から反対はしなかったが、日本軍の進攻は時と場所を選ばぬもので、放っておけば、それだけ米側の反攻の際、多大の犠牲を払わねばならなくなるのを恐れていた。

ルーズベルトの山荘に招かれる

五月一五日、の週末、ルーズベルトはメリーランド州カトクチン丘陵地帯にある大統領山荘シャングリラ（後にキャンプデービットと改称）へチャーチルを誘った。

ワシントンから三時間のドライブには、大統領専用車にルーズベルトとエレノア夫人、それとチャーチル、ホプキンスの四人が同乗した。

シャングリラは丸太小屋風の建物で、内部は現代風になっている。小屋の前に泉と清流の小さなため池があって、近くの渓流で取ったばかりの、客に供する鱒の群が泳いでいる。山荘でルーズベルトは自慢の切手蒐集のアルバムを見せた。

アルバムに夢中になっているルーズベルトに急な訪問者があった。北アフリカで戦っているアイゼンハワー軍司令部のベデル・スミス参謀長だった。ルーズベルト以外ではできない決断を仰ぎにやって来たのだ。その後、アイゼンハワーが欧州連合軍最高司令官になった際もスミスは参謀長（中将）になっている。アイクの信頼が厚く、アイクが大統領になると、ソ連大使、

ＣＩＡ長官、国務次官にスミスを任命した。一六歳でインディアナ州の州兵として入隊した一兵卒からの叩き上げで陸軍大将にまで累進した人物である。日本陸軍で一兵卒から中将に昇進し、軍参謀長になり、最終的にも陸軍大将に昇進することなど考えられない事例だ。日本の都市を焼き払った米陸軍航空隊のルメイ少将も学歴がなく、もちろん、ウェストポイントや参謀学校とは無縁で、戦後、空軍参謀総長（大将）に昇進した。ルメイの弟も一兵卒から陸軍大佐になっている。

この日は皆、疲れていたのでチャーチルも一〇時には寝室に入った。ルーズベルトの話で、蒋介石夫人宋美齢がニューヨークに来ているのを知った。チャーチルは会いたいと思ったが、この時は双方の都合で会えなかった。会ったのは、その後のカイロ会談の時である。

翌日の日曜日、ルーズベルトは渓流での鱒釣りに誘った。月曜日一九日午後、チャーチルは下院で、翌日は上院で演説した。アランブルーク英陸軍参謀総長は、週末にウィリアムスバーグの南北戦争古戦場を訪れた。五月二五日、会談の最終会合があった。会議での最大の結論は、北フランス上陸作戦開始が一九四四年五月一日と決まったことだった。ビルマ進攻作戦の期日を英側は決めたがらず、①空爆で独空軍の力が弱った時、②地中海作戦で北フランス駐在の独軍が減った時という条件を出してきた。キングとマーシャルは期日決定を強く迫ったが、英側は応じなかった。

空路で帰国

五月二七日、チャーチル一行はリベレーター爆撃機四機に分乗して帰国する予定とし、他のメンバーは往路と同じクイーンメリーで帰国することとした。船には一万六〇〇〇人の米兵も同乗した。

大西洋では風が西から東に吹いているから、空路では英国に向かう時の方が条件はいい。リベレーター爆撃機よりも乗り心地がよく、機長のケリー・ロジャースをよく知っていることから、チャーチルと一部の随員だけはクリッパー飛行艇で帰国することとした。予定を早め、五月二六日早朝に出発し、一七時間の飛行で当日午後五時にジブラルタル港に着水。二八日午後一時四〇分、飛行機でジブラルタルを出発し、午後四時三〇分、アルジェ近くのメイソンブランチに着いた。アルジェではカンニンガム海軍元帥の別荘に泊まった。

六月一日にはメイソンブランチから米空軍基地のあるシャトードルメルに飛び、イタリアのパンテレア島空爆に向うB17爆撃機を見送った。午前一一時三〇分にここを出発。チュニス近くのエルアレリンを経由してメイソンブランチに同日の夜八時に着いた。

四日午後三時三〇分、メイソンブランチを飛行機で出発し、英国本土のノルトホルトに着いたのは五日朝六時だった。

この北アフリカ滞在では、チャーチルはアルジェとチュニスで八日間過ごした。釣りに行ったりして戦時中で最も愉快な八日間であった。何度も書くが、余裕綽々ぶりが伝わってくる。

3　フランスへの反攻作戦を決めた第一回ケベック会談　一九四三年八月

二〇〇人以上が船でカナダへ

五月のワシントン会談で、次の連合参謀長会議（ＣＣＳ）を両国軍事戦略の討議のため七月か八月上旬に開くことが決められていた。トライデントでは、その後の戦局運営に関する重大事項で未決定案件が多かった。

七月中旬になって、ワシントン常駐の英軍ディィル元帥は、次の会合が九月にカナダで開催されるという噂を聞き、日記に「大西洋の西では、通信施設や事務所の点でワシントンが最も適している。カナダは疑問だ。次の会合が九月では遅すぎる」と書いた。

ロンドンでチャーチルは軍首脳に次のことを伝えた。

①シシリー島攻略作戦は急速に進展している。

②米英首脳の会合が初秋になるのは遅すぎる。少なくとも八月中旬までにやるべきだ。

③シシリー島攻略作戦後をどうするか。今一番大事なことはこの件を米国と決めることだ。

④次はイタリア本土とローマの占領だろう。

米側は、ワシントンの八月は暑すぎる、冷房施設のある所は一部だとし、ルーズベルトは、兵力を派遣しているカナダを会議に呼ばないのはどうか、カナダ政府を抜きにするのはよくない、と考えた。

大西洋での対Ｕボート戦は順調に進んでいた。七月にＵボートを三七隻沈めたのに対して商船被害は六隻だった。大西洋に遊弋しているＵボートは六〇隻以下となり、増える気配はなかった。

急遽、ケベック（カナダ）での開催と決り、ホテル・シャトーフロンテックが予約された。チャーチルはワーデン卿（陸軍大佐）の偽名を使い、英軍の参謀長や外相より上のランクの部屋を予約した。英側メンバーは、チャーチルの家族（夫人と娘）の他、アランブルーク（陸軍）、パウンド（海軍）、ポータル（空軍）、ワシントン常駐のディル元帥、マウントバッテン（ビルマ、インド方面で米英連合軍を指揮する海軍中将）、ウインゲート陸軍准将（ビルマ作戦の指揮官）、イズメイ少将（戦時内閣事務局長）、レザース（海上運輸相）、イーデン（外相）等。

チャーチルの回想録によれば、一行はその他、副官、タイピストなど総勢で二〇〇人を超えた。これに護衛を担当する海兵隊員五〇人（隊長はバックレー少佐、平均年齢は一八歳）が加わる。二五〇人のメンバーとなると海路しかない。クイーンメリーを利用することとした。

八月四日、チャーチルは首相官邸で一人夕食を取ろうと考えていると、ウインゲートがビルマから三日間かけて、空路ロンドンに着いたという報告があった。直ちに、官邸に来るように伝え、夕食を共にした。ウインゲートはジャングル戦の有能な指揮官だった。三〇分間、ビルマでの対日戦争について討議し、チャーチルは即座にウインゲートをケベック会談に同道することとした。

チャーチルは、ウインゲート准将のビルマ方面ジャングルでの働きを、アラビア砂漠で果したローレンスのような存在と考えている。夫人はスコットランドに住んでいて、長らく会っていない。チャーチルは夫人も同道するよう命じた。ウインゲートにとって、何年振りかの夫婦の旅行であり、大西洋横断の船旅とカナダ訪問は忘れがたい思い出となった。

クイーンメリーは八月五日にグリーンノックを出港。アランブルーク陸軍参謀総長は日記に、「米側は、①北部フランス上陸作戦と、②ビルマ侵攻作戦を言い出すのではないか」と書いた。

船上での五日間、チャーチルは軍首脳と連日、米側との協議事項を討議した。護衛巡洋艦にロンドンから刻々と入電があり、クイーンメリーに伝えられると、随行の暗号士によって解読され、チャーチルに届けられる。

船内での協議は、①北仏上陸作戦と②インド、ビルマ方面作戦が中心だった。②に関して、東南アジア方面軍をインド方面軍から分離独立させ、その司令官にマウントバッテンを充てることとし、ルーズベルトの了承を得ることにした。

開戦時、マウントバッテンは海軍大佐だったが、臨時昇格で海軍中将に昇進させている。この辺にも、任務に応じて階級を随時変更させる英軍の柔軟さが知られる。マウントバッテンの父ルースはドイツ・ヘッセ王国国王の嫡男として生まれ、一四歳で英海軍に入った。海軍士官の道を順調に歩み、ビクトリア女王の孫と結婚。二人の間の子供がマウントバッテンだ。父は第一次大戦の直前に軍令部長となり。時の海相は若きチャーチルだった。しかし、大戦に伴う英国内での激しい反独感情のため辞任し、一九一七年にはドイツ風のバッテンベルグの名前を英国風にマウントバッテンと改めた。マウントバッテンも一三歳で英海軍に入った。「鉄は熱いうちに打て」との英国海軍の慣習は、一二、三歳の少年を海上に浮かぶ艦船を教育機関として使用し、海軍士官の卵として育てる。

一八歳前後の青年を陸上の教育機関で育てる米国や日本とは異なっていた。常時、船内で生活させ、潮の流れ、風の向き、帆の張り方、時化への対処等を海上で身体に叩き込んで海の男を育てるのが経験論に立脚する英海軍のやり方である。大陸合理主義のフランスでは、陸上の学校で、数学、天文学、海上生活のいろは、外国語等を学ばせる。日米海軍のやり方はどちらかと言うとフランス式だ。

マウントバッテンは、第二次大戦初頭は海軍大佐。チャーチルの軍事補佐官から一九四二年四月には海軍中将に臨時昇進して統合作戦軍司令官。一九四三年一〇月に東南アジア軍司令官。戦後は侯爵軍令部長などを歴任し、一九七九年にアイルランド共和党員に暗殺された。

この時期、英の関心はシシリー島攻略後の伊本土進攻問題だった。米側のキングの関心の第一は対日戦であり、日本陸軍を支那大陸に釘付けにしておくことが肝要で、そのためには蒋介石軍援助のため、なるべく早いビルマ・支那間のビルマ・ロード開通を求め続けた。

クイーンメリーの船室でアランブルークは日記に「大部分のトラブルの背後にはキングがいる。キングの太平洋方面の見解のため、欧州方面の大部分の作戦がいつも反対される」と書いている。

クイーンメリーは三〇ノットに近い高速で航海し、八月九日、カナダのハリファックスに入港した。客車一〇両による特別列車が仕立てられた。一号車は、寝台三ヵ所、書斎、客間、食堂が付いていて、チャーチル、夫人、末娘で四女のメリー、下僕一人が乗車した。二号車にはチャーチルの補佐官、海軍副官、秘書、口述速記者、タイピスト、防諜関係者、三号車には軍令部長と海上運輸相、四号車には陸と空の参謀総長、五号車は荷物と事務機器、六号車は海兵隊員、七号車は事務官や下士官用の食堂車、八・九号車はマウントバッテンやウインゲートなどの高級士官用で、個室、客間、食堂が付いている。英関係者一行のために別の一列車が用意され、その他の人々が乗車した。

八月一一日、家族がハイドパークに立ち寄ることを楽しみにしていると、ルーズベルトに打電した。

ルーズベルトの到着より数日早くケベックに着いたので、チャーチルと娘はカナダ国営鉄道総裁の専用列車で、ルーズベルト私邸のあるニューヨーク州ハイドパークに向かった。途中でナイアガラの滝を見物した。チャーチルがナイアガラを見たのは一九〇〇年だったから、実に四三年ぶりだった。

ハイドパーク村のルーズベルト私邸で、深夜、眠れないチャーチルは屋外に出た。ハドソン川を臨む崖に腰をかけ、月光を浴びて流れる川を眺めた。そこで東の空が輝く日の出を見た。八月一四日まで、チャーチルはハイドパークの私邸で三日間、ルーズベルトの家族と過ごし、ケベックに戻った。

英米軍首脳部による周到な会議準備

会議に備えて、米統合参謀長会議はルーズベルトを交えて一〇回の会合を持った。英側による北フランス上陸作戦の延期阻止と、英側の真剣なビルマ作戦実施要請が結論だった。八月一四日から連合参謀長会議は始まっていて、一九四三年後半から一九四四年の将来戦略案をまとめるのが目的である。

リーヒ米統合参謀長会議議長の日記によれば、英側の主張する地中海作戦にマーシャルは乗り気だったが、キングは地中海には一隻の米艦も派遣しない態度で反対を表明した。英側の主張は、イタリア本土に上陸し、在仏独軍をイタリア方面に引き付けておいてから北フランス上陸作戦を実施すべし、という考えである。

八月一七日、ルーズベルトがケベックに到着し、イーデン外相が空路英国からやって来た。ケベックの人口は一五万人。住民の大多数がフランス語を使う、フランス文化の色濃い都市だ。カナダの仏語系街で英米首脳が会合を持つことは、米英加仏連合の象徴となる。

セントローレンス川を臨むダイヤモンド岬の高台に、この川流域を守るシタデル要塞があり、カナダ総督公邸があった。この要塞からは、イルドレアン（オルレアン島）、ケベック市街、エイブラハム丘陵といった素晴らしい景色が眺められ、白帆の船が何隻か浮かぶセントローレンス川も望見された。この総督公邸二階をルーズベルトが使い、一階をチャーチルとその家族が使用した。総督公邸では盛大な夕食会が開かれ、チャーチル秘書の一人によれば、飛び切り豪勢な食事や飲み物が出た。

他のメンバーはホテル・シャトーフロンテックに泊まって仕事をした。ホテルには六つの会議室がある。二階の最も大きな会議室は連合参謀長会議用として使い、同じ階の部屋に両軍参謀長は宿泊した。ちなみに、メンバーは次の通りである。

〈米側〉

ウィリアム・リーヒ（米統合参謀長会議議長）、ジョージ・

第一回ケベック会談
左からキング（カナダ首相）、ルーズベルト、チャーチル

マーシャル（陸軍参謀総長）、アーネスト・キング（合衆国艦隊司令長官兼海軍作戦部長）、ヘンリー・アーノルド（陸軍航空隊司令官）

〈英側〉

アランブルーク（陸軍参謀総長）、ダッドリー・パウンド（海軍軍令部長）、チャールズ・ポータル（空軍参謀総長）

同じホテルの同じ階にこれらの軍首脳が寝泊まりしたことは大きな成果となった。昼食も夕食も共にする。カナダ首相マッキンゼー・キングは会議には招かれなかったが、公式の行事には参加した。マッキンゼー首相は、原爆が広島に投下された一九四五年八月六日の日記に「原爆がヨーロッパの白人たちにではなく、日本人に使われたことになって良かった」と書いた男だ。

米国主導による北フランス上陸作戦

チャーチル、ルーズベルトを含めた会議が八月一九日に開催された。

計画が進むにつれ、米軍の兵力が増大し英軍を上回るようになった。この作戦は事実上、兵員、武器、船舶のほとんどを米国が提供するので、今度こそ米側の主張が通るべきだ、と米側は固く決意して、この会議に臨んだ。

会議の最大の問題は一九四四年に予想される北部フランス上陸作戦（オーバーロード作戦）で、指揮官を誰にするかも問題だった。米国側は、スチムソン陸軍長官がルーズベルトに「北フランス上陸作戦には、英軍の将軍を司令官にすべきでない。彼らはこの作戦にそれほど熱意があるとは思えない」と吹き込んでいた。

ケベックに着いてみると、チャーチルの期待は外れた。米国側は北フランス上陸作戦をさして恐ろしいものと考えず、また、前年の一九四二年に上陸作戦を敢行すれば連合軍は大変な損害を受けただろうなどとは決して思っていないようだった。

ルーズベルトが、北フランス上陸作戦の司令官に米軍将軍を任命したい、と述べると、チャーチルはあっさりと、マーシャル米陸軍参謀総長を任命してはどうか、と応えた。このままでは、英米の友好関係が損なわれると思ったからだ。

一九四三年の初頭、チャーチルは総司令官に英陸軍参謀総長アランブルークを任命し、配下にアレキサンダーとモントゴメリーを配する考えを持っていたが、ケベック会談の時期になると、チャーチルは総司令官は米軍人が然るべし、と考えるようになり、ルーズベルトに応えたのだ。ルーズベルトはチャーチルの反応に満足そうな表情を示した。

かくして、欧州方面の総指揮官は米人、地中海方面の総指揮官は英人と決まった。チャーチルはアランブルークにこの人事を伝える。軍人として、最高の舞台に立てなくなったアランブルークの失望は大きかった。

誰の目にも、ルーズベルトが欧州軍総司令官にマーシャルを任命したがっているのはわかっていた。ワシントンで仕事をする参謀総長など裏方の仕事だ。米国民の多くは、参謀総長が誰なのか知らないし興味もない。マーシャルが前線総司令官になりたいと思っているのは当然だし、軍人なら誰でもそうであろう。多くの国民が関心を示すのは、前線で戦っている指揮官だけだ。ところが、マーシャルは自分がなりたいという素振りは微塵も見せなかった。統合参謀長会議議長リーヒ海軍大将は仕事上、マーシャルからの電話を受けることが多い。その時でも、自分に関することは一切口にしない。これにはリーヒも驚くとともに、感銘すら受けた。マーシャルは、米陸軍主流のウェストポインター（陸士卒）ではなく、バージニア州の私立軍学校で学んだ人だ。思慮深く人望が厚い。チャーチルをはじめ、英軍首脳部が高く評価していたことは前述した。参謀総長はワシントンにいて、全世界の米陸軍に目を配らねばならぬ。こんな役目をできるのは、マーシャルを措いて、他に人はいなかった。余人に替えがたいのだ。

結局、ルーズベルトはアイゼンハワーを指名した。太平洋のマッカーサーと欧州のアイゼンハワーは米国民の英雄となった。戦後、両者を大統領に推す声が高まった。マッカーサーは色気充分だったが、その高慢さ、傲岸不遜さを嫌う者は多かった。気さくで庶民的なアイクが大統領になった。

マーシャルは戦後、国務長官、国防長官の重責を担い、持ち前の行政能力を発揮した。海軍関係者は、政治や行政方面に向いていなかった。人間関係処理が全く駄目だったキングは当然としても、ニミッツもハルゼーもスプルーアンスも、戦後は社会的に目に付く仕事は何もしていない。

ケベック会談では次の二つが決められた。

①北フランス上陸作戦を最優先作戦とし、上陸開始時期は一九四四年五月一日。これに伴い、地中海作戦を第二義的作戦とする

②インド、ビルマ、支那方面の総司令官にマウントバッテン海軍中将を任命し、米軍のスティルウエル陸軍中将を副司令官とする。マウントバッテンを中心に蒋介石軍支援のた

めのビルマ・ロード開通に本気で取組む。

会議の合間に休息日を作って、ルーズベルトとチャーチルはケベックから二〇マイル離れた湖に行き釣りを楽しんだ。釣れた一番の大物を、チャーチルはルーズベルトに贈った。

八月二四日会議終了。アランブルークとポータルは飛行艇で帰国。ルーズベルトはチャーチルと共に特別列車でワシントンに帰り、チャーチルはホワイトハウスで泊まった。

Uボートが跳梁する中、戦艦で帰国

帰国は巡洋戦艦レナウンを利用することとした。15インチ主砲のレナウン（三万二〇〇〇トン、三一ノット）は、レパルス、フードの三姉妹艦の一つ。軍縮時代にスクラップ化されなかったのは、独海軍が建造計画していた巡洋戦艦シャルンホルスト、グナイゼナウに対抗できる艦だったからだ。独海軍がビスマルク、ティルピッツを建造すると、この英海軍三姉妹艦は装甲の薄さから対抗できないものとなった。ちなみに独海軍主力艦の艦名のシャルンホルスト、グナイゼナウ、ティルピッツは、プロイセンの有名な軍人の名前である。

独新鋭戦艦に対抗するものとして建造されたのが、キング・ジョージ五世級（三万七〇〇〇トン、二八ノット）。姉妹艦のプリンス・オブ・ウェールズはレパルスとともに、マレー沖海戦で日本海軍航空機によって沈められていた。

九月四日、チャーチル一行はカナダの軍港ハリファックスに着き、直ちにレナウンに乗艦。午後三時に抜錨。この帰国の艦内でごく内輪のパーティーがあった。チャーチルは秘書官達に次のように語った。

「内相だった頃（一九一〇～一一年）、神経がひどくやられたことがある。今度の戦争でも感じていないようなひどい不安に襲われた。その時、発見したことがある。最良の救済策は、紙片にさまざまな悩み事を一つ残らず書き出して見ることだ。それを見れば、そのいくつかは全く些細な悩みであり、また、いくつかは手のつけられない悩みであることがわかった。こうすると、全力を傾けて解決すべき悩みは一つか二つだけになってしまう」。

護衛はノーフォークとケントの両姉妹巡洋艦ならびに駆逐艦二隻。途中で更に駆逐艦二隻が追加された。チャーチル夫人クレメンタイン、四女メリーもレナウンに同乗した。チャーチルは将官用の部屋を利用した。

ケベック会談のまとめや国王への報告書作成は、ケベックからハリファックスへの特別列車の中の口述筆記で行った。チャーチルの傍には練達の口述速記者とタイピストがいる。文書化された速記に何度も推敲を加える。レナウン艦内にはいつものようにマップルーム（地図室）が作られ、最新情報が書き込まれる。チャーチルはこの大地図を眺めながら沈思黙考する。

イタリアのサレルノ上陸作戦がはかばかしくない。これにどう対処するか。下院での説明や議論をどう進めるか。九月一五日は、四女メリーの二一歳の誕生日だった。自身の二一歳の誕生日はキューバ戦争の銃火の下だった。メリーの誕生日を記念して、レナウンの15インチ主砲、20ミリ対空砲、ならびに巡洋艦ケントの８インチ主砲の実弾演習があり、殷々たる砲声が大西洋上に響いた。Uボート警戒のため、リベレーター機、サンダーランド機、カテリーナ機が上空を飛んでいる。

この日、死体一つが流れているのが見えた。翌日一六日夕方、燃料油の強い臭気が漂ってきた。敵か味方かはわからないが、船が沈んだのだろう。一七日午後、機雷一個が漂っているのを発見し、対空砲により爆破処分した。

一九日早朝、南スコットランド沖の島にある灯台の灯が見えた。夜明け頃クライド湾に入り、午前一〇時前にグリーンノックに投錨。二日前、スコットランド沖の大西洋に浮かぶロッコール島西方四五〇マイルで護衛船団がUボートに襲われ五隻が沈められていた。襲ったのは二〇隻のUボートで、このうち五隻を撃沈し六隻以上を傷つけた、と情報部は推測した。

護衛船団の速度は一〇～一八ノットと遅いからUボートの魚雷が効果的に当る。レナウンは二五ノット以上の走行なので危険は少なかった。レナウンが通過した三日後、同地点より九〇マイル北でUボートのU338が一二〇マイル南で、同じくU346が英軍飛行機によって沈められた。

4　英米首脳によるカイロ会談　一九四三年一一月

英国を信用していないスターリン

一九四三年夏のケベック会談で、チャーチルとルーズベルトとの間に、次回会談にはスターリンを入れる必要があろうとの合意がなされ、チャーチルとルーズベルトの連名で、米英ソの三首脳会談を開催したい、場所はアラスカのフェアバンクスではどうか、との電報をスターリン宛に打った。

リアリストのスターリンは、英国の力を信用していない。軍需物資生産も人的資源も英は米と比較できないくらい弱い。協議する国の数が多いほど時間を浪費し結論が出しにくい。ソ連としては、兵力と軍事物資を供給できない英国を外し、米国との協議を望んだ。スターリンはこう返電してきた。

①米ソの二ヵ国会談でどうか。

②もっとも、チャーチルが出席するのは反対しない。

③場所は北極海に近いアーチェンジェルか、カスピ海北部のアストラハーンでどうか。

九月中旬になってテヘラン説が浮上した。チャーチルはどこへでも行けるが、ルーズベルトには制約が多かった。議会で通過した法律は一〇日以内に大統領は署名せねばならない。電報とか無線では駄目だ。それに、誰にでもわかるほど健康状態が悪化していた。

スターリンは偏執狂的独裁者で、どんな時でも権力の中心的地域から離れたがらないし、妄想に近い飛行不安を持っていた。英米ソの中で、自国が敵の侵攻を受けているのはソ連だけだ。これもスターリンが他国に出たがらない理由になっていた。

二人の巨頭に較べ、チャーチルだけはやたらと活動的だった。

カスピ海南端に近いテヘランなら、モスクワとの間に直通の電信連絡線がある。これはソ連兵によって守られているのでテヘランから独ソ戦の指導ができる。スターリンは、一九一二年以来、初めてロシアを離れてテヘランに来ることになった。

テヘラン会談の事前準備

チャーチルとルーズベルトの二人は、カイロで米英に特化した問題を協議し、その後テヘランに飛ぶこととした。チャーチルは体調が良くなかったので空路ではなく、ケベック会談からの帰国に使用した巡洋戦艦レナウンの利用を決める。帰国時に乗ったメンバーは二〇人だったが、今回は六〇人で、そのうちの三分の一は女性だ（口述速記者やタイピスト五人の他は英海軍通信隊員）。ケベック会談には、老齢のチャーチルの付添として末娘で四女のメリーが同道した。今度は次女サラが同道することになった。一一月一一日、プリマス軍港で午後六時に乗艦し一時間後に抜錨。護衛艦は巡洋艦ロンドン。ジブラルタルから地中海に入る。パウンドが病気のため、軍令部長はカンニンガムに代っている。

米英巨頭会談の場所は安全の面からマルタ島がいい、とアイゼンハワーは考えていたが、英側は反対だった。独空軍の空襲で建物は破壊され、食料にも乏しく、兵士の多くはテント生活を余儀なくされている。結局、会談場所はカイロになった。一一月一七日の夕刻、マルタ島北部にあるバレッタのグランドハーバーに入港。一九日の深夜、抜錨。二一日の正午近くにアレキサンドリアに入港。ここから飛行機に乗り空路四〇分でカイロに着いた。

ルーズベルトは新鋭戦艦アイオワで大西洋を横断することとした。艦長マックレア大佐はルーズベルトの海軍補佐官や太平洋艦隊旗艦ペンシルバニア副長の経歴があり、高官の扱いには慣れている。一一月一二日、リーヒ、ホプキンスと共にルーズベルトは、大統領専用ヨットのポトマック号に乗り、ポトマック川河口に停泊中のアイオワに向かった。

キングもマーシャルと共に、合衆国艦隊旗艦ドーントレス（旧式軽巡洋艦）に乗り、ポトマック川を下ってアイオワに乗艦。艦内の最上等室をルーズベルトが使用し、序列に従って将官室はリーヒ、参謀長室をマーシャルが使用したので、キングは士官用の簡素な部屋を使った。翌一三日に抜錨、三隻の駆逐艦に護衛され二五ノットの高速で東に進んだ。一四日には艦砲の発射訓練があり、ルーズベルトも参観。発射訓練直後警報が鳴り、拡声器から「魚雷防御！これは訓練でない！」と放送された。駆逐艦ポーターがアイオワを標的に魚雷発射訓練を行った際、誤って本物の魚雷を発射したのだ。アイオワは舵を大きく変え魚雷を避けた。間一髪で大惨事となるところだった。激怒したキングは艦長の即座更迭を考えたが、ルーズベルトが止めた。公になるのを嫌ったのだ。

カイロ会談
左から蒋介石、ルーズベルト、チャーチル

カイロの中心部から七マイル離れて、大ピラミッドの半マイル北にあるメナハウス・ホテルに両巨頭と両軍関係者が入った。一一二の部屋が全て会議用に使用され、最大の会議室は長さ四〇フィートのテーブルが用意されて連合参謀長会議用となった。会議は毎日、ウィスキー八〇本、ブランデー一二本、ジン三四本、ビール五〇〇本、煙草二〇オンス、葉巻七五オンスが消費された。

連合参謀長会議（CCS）では、いつものように米海軍のキングが難物だった。

アランブルーク英陸軍参謀総長が、地中海作戦に予想以上の上陸用舟艇が必要となったからと、ビルマ作戦の延期を言い出した。キング戦略は、蒋介石を援助して大陸に日本兵力を釘づけにしておくことだ。蒋介石軍が崩壊すると、大陸の日本軍兵力が太平洋の要塞化された島々に移動して配置されるのは目に見えている。これは、太平洋の島々を攻略して西進する米海軍と海兵隊にとって悪夢だ。ビルマ方面で英軍が動いて、蒋介石軍を側面から援護することはキング戦略にとって不可欠なのだ。英国は生死を賭けて欧州で戦っている。正直いって、ビルマなどへは手が廻らない。キングは約束の破棄ではないかと怒り、会談の雰囲気が険悪となった。同席していた英軍のスチルウイルによれば、キングはアランブルークのテーブルに上がってつかみかからんばかりであった。

一九四二年七月、ワシントンに常駐しているディル元帥はチャーチルに、「キングにとって戦争とは対日戦なのです」と電報を送っている。キングと会うことの多かった英海軍ランプ少将は、「キングの目はずっと太平洋に向けられていた。これは彼の西方政策だ。彼は時折、我々に岩を投げてくる。これは彼の東方政策だ」と皮肉を込めて言った。

ポータル空軍参謀総長も言う。「キングは火のように激しい性格の男だが、長い目で見れば、うまく協調してくれた。だが、彼に気をつけておかないと、米海軍の艦船を大西洋や地中海から太平洋に移すのは全く平気だった」。

ポータルは次のようなエピソードも書いている。キングがある時、連合参謀長会議で、「そのようなことは、米国の世論が受け付けない」と言うと、アランブルークが「では、君が米国民を教育せねばならん」と応じた。「ご好意は有難い。だが、米国民は英国人同様の教育を受けている」とキングが反論。連合参謀長会議でのキングと英側のやり取りの雰囲気がよくわかる。

チャーチル戦略に真っ向から反対するのはいつもキングだった。政略家のチャーチルと軍略家のキングとの違いとも言えよう。チャーチルは専らマーシャルと接し、キングとは間を置いた。キングと接することはせず、ルーズベルトと直接会談して自分の考えを実現しようとした。

チャーチルの随員は、次女サラと、途中から参加した息子のランドルフ以外に、個人秘書、随行医、口述速記者、タイピスト、護衛員、下僕を入れて一四人。会議場のホテルから二マイル離れたパーク・ホテルにルーズベルトは泊まった。

スピットファイアー戦闘機隊が五分隊、ハリケーン戦闘機隊が三分隊、それに夜間戦闘機一機が空からの護衛に当り、地上には八二門の対空機関砲が用意され、歩兵五個大隊、装甲車一分隊が護衛に当たった。

中華民国総統の蒋介石は夫人宋美齢と共に参加。彼女は、巨頭会談の中の唯一の女性だった。蒋介石は、まず現存の三〇個師団の動きを活発化させ、出来るだけ早く、更に三〇個師団を増設し、最終的には九〇個師団を作って日本軍に当たると約束した。蒋介石軍への支援はインド経由の空輸に頼っている。現在日本軍が進めている重慶方面への作戦が成功し、重慶の蒋介石政府が崩壊するのは何としても避けなければならなかった。

ルーズベルトはスターリンとの会談に蒋介石の参加を望んだが、スターリンはこれを拒否した。理由は、ソ連は日本と戦っていないから、というものだった。スターリンは、多くの国が参加する小田原評定ではなく、実質的に戦争遂行をリードしている少数の国で迅速に対応大綱を決めようと考えていた。だから英国の参加にも消極的だった。米英両国を相手にすると、両国が共同してソ連に当たってくるのではないか、とスターリンは恐れていた。

米英軍は現に北アフリカや地中海で共同作戦を実施中であり作戦協議が必要だが、ソ連は自軍のみで戦っているから英米側と詳細な作戦協議は必要でない。

カイロ会談では、マウントバッテンから、ビルマから東南アジアにおける作戦の説明があった。チャーチルはギリシャのロード諸島作戦に言及した。米英両首脳の間でスターリンにどう対処するかを詰める時間はなく、両首脳はテヘランに向かった。

5　初の英米ソ首脳会談―テヘラン会談　一九四三年一一月～一二月

カイロから空路テヘランへ

一一月一八日早朝、カイロ空港に集結した英国メンバーは五機の爆撃機に分乗し、六時に離陸。一番機にはチャーチルと次女サラ、それにイーデン外相等、二番機には三軍参謀長と戦時内閣事務局長のイズメイ将軍、三番機から五番機には事務官、タイピストらが分乗した。

機はチグリス川、ユーフラテス川、ヨルダン川、ナイル川の四大河上空を越えた。チャーチルはいつものように葉巻をくわえて操縦席に座り操縦桿を握った。五時間半の飛行でメハラド空港に着陸。イラン（当時はペルシャ）は一九四三年九月に対独宣戦布告した連合国の一つだが、英米ともにイランの戦争参加は期待していなかった。

エジプトには英軍が多数駐在し英の影響下にあったが、イランには英軍が駐在していないし、この国にはドイツ支持者も多い。宣戦布告前には独軍空挺部隊が落下傘降下したこともある。治安問題が頭痛の種で、イラン政府の治安能力には信頼が置けなかった。

某参謀長の車が大げさに旗を翻して、英公使館正門に入った。この車にチャーチルが乗っているように偽装したのだ。チャーチルの車は地味に装い、別のルートを使って英公使館に入った。護衛のジープが先導したが、チャーチルの車とわかればテロリストに簡単にやられる場面だった。公使館は東ケント連隊の隊員三五〇人によって守られている。

随行員達は三日三晩、朝九時から翌朝三時までチャーチルに付き合う、きつい仕事の連続だった。

英国に懐疑的な米ソ

テヘラン会談の頃のルーズベルトは、チャーチルによれば、まだソ連共産党の何たるかを充分理解してないようだった。どうも、ワシントンは米英の協調を犠牲にしても、ソ連の信頼を得たがっているようにチャーチルには思えた。英国歴史家チャールズ・L・ブロードによれば、ルーズベルトは共産主義ソ連よりも、帝国主義英国に多くの疑いの目を持っており、以前、ルーズベルトはチャーチルに「スターリンはあなた方英国の首脳を嫌っている。彼は私の方が好きで、これからもそうあって欲しい」と洩らしたことがあった。

安全な英国公使館に泊まるよう招請されたが、ルーズベルトはこれを断りソ連公使館に泊まることに応じた。

一一月二八日、ルーズベルトとスターリンはソ連公使館で会ったが、詳しいことはチャーチルには伝えられなかった。チャーチルは米側連絡員ハリマンに抗議した。三巨頭会談は年齢から言って自分が議長になってしかるべし、との気持がチャーチルにはある。ルーズベルトとスターリンから除け者にされたような気分になった。

ルーズベルトとスターリンは懇意になった。両国とも革命から誕生し、帝国主義には反対の立場である。チャーチルは帝国主義者だ。チャーチルが熱心に地中海作戦を主張するのは、北アフリカやバルカン半島に権益を取得するためで、米ソ両巨頭は北フランス上陸作戦（第二戦線の樹立）を第一と考えている。

チャーチルが北フランス上陸作戦に消極的なのは、第一次大戦の経験にあった。第一次大戦では、ドイツ軍と連合軍が西部戦線で長期間膠着状況になり、多大の人命と物資を失っている。その愚を繰り返したくない。チャーチルは次のように考えていた。

①フランス内のレジスタンス運動を援助する。

②ドイツ本土への空爆を強め、ドイツの意思を挫き、食料不足に陥らせる。第一次大戦でドイツが降伏した原因の一つはドイツ国内の食料の窮乏だった。

ちなみに、終戦時、軍令部で作戦部長（少将）だった富岡定俊は、海軍大学校戦略教官時代に、第一次大戦の戦史を研究、大戦末期におけるドイツ国民の戦意崩壊過程が一番切実に感じられた。食糧の配分が半分以下では必ず負けるとの結論をこの時に得たという（富岡定俊『開戦と終戦』）。

③イタリア本土に上陸して、ドイツを孤立させる。

チャーチル戦略は、真正面からドイツを攻めて被害を多くするのではなく、周辺からじわじわ締め上げ、少ない被害でドイツに手をあげさせる戦略だ。

ドイツ降伏後の対日宣戦を切り出したスターリン

一一月二八日午後四時からソ連大使館で三巨頭会談が始まった。ソ連側はスターリン、モロトフ、ウォロシーロフ陸相。英側はチャーチル、ディル元帥、三軍の参謀長達、イズメイ戦時内閣事務局長。米側はルーズベルト、ホプキンス、キング。

この日に会談はなかろうと、マーシャル参謀総長とアーノルド陸軍航空隊司令官は近くにドライブに出かけたため、急遽設定された会談に出席できなかった。

三巨頭は、それぞれ戦争全般の考えを開陳。最後にしゃべったスターリンは「本題に入りましょう」と進行を促した。ルーズベルトが「米英がソ連に出来る最大の援助は何か」と尋ねると、スターリンは対日戦争について話し始めた。日ソ間には不可侵条約がある。極めて微妙なことなので、ソ連側が議題に出さない限り会議の話題には考えていなかった。

テヘラン会談
左からスターリン、ルーズベルト、チャーチル

スターリンは、一九四三年一月にモスクワを訪れた米陸軍のハーレー将軍に、ドイツを破った後、対日戦に入ると伝え、テヘラン会談の一ヵ月前にモスクワで開かれた米英ソ外相会議に参加した米ハル国務長官にも同様のことを述べている。もちろん、ルーズベルトはハル国務長官からこのことを聞いており、チャーチルもルーズベルトから報告を受けていた。日ソ不可侵条約は厳然として存在する。国際法遵守を国是とする米英の国家指導者が進んで対日参戦を迫

ることは難しい。スターリンは自ら対日参戦に係る口火を切ったのだ。スターリンは言った。①対独戦争に全力を尽しているので、ドイツ降伏後には連合国と協力して対日戦争に加わる。②北部フランスないし南部フランスへの早急な上陸を望む。③イタリアないし東部地中海作戦は決定的作戦にはならない。

③に関して、チャーチルは必死になってスターリンを説得しようとしたが、スターリンは動かなかった。

このテヘラン会談から一年三ヵ月後の一九四五年二月二六日、東條英機前首相は昭和天皇に天機奉伺し、この戦争の推移につき所信を約一時間奏上した。侍立していた藤田尚徳侍従長（海軍大将）は、「東條の余りにも楽観的強気認識に、陛下の御表情にありありと御不満の模様が拝察された」と言っている。陛下の、ソ連の対日参戦の可能性の御下問に対し、「その可能性はありますが、米英ソの間に深刻な争いがあって、有力な兵力を欧州からシベリアに割くのは困難との見方もあり、五分五分でありましょう」と東條は言上。前年六月、連合軍のノルマンディー上陸があり、参謀本部すらドイツの敗戦は必至と考えていた時点での東條の戦況判断がこれであった。「天皇は、国の政治へ直接の発言はなされない。しかし、陛下の心中深く、戦争終結の御決心がついたのもこの頃であったと拝察する」と藤田は戦後に書いている（藤田尚徳『侍従長の回想』）。

一九四五年七月七日、昭和天皇は鈴木貫太郎首相を召されて仰った。「対ソ交渉は、その後どうなっているか。ソ連の腹を探るといっても、時期を失しては致し方ない。この際は、むしろ率直にソ連に和平の仲介を頼むことにしてはどうか。そのためには朕の親書を持つ特使を派遣してはどうだろう」。特使には近衛文麿公爵（元首相）が選ばれた。ソ連は近衛特使ソ連派遣をにべもなく断ってきた。スターリンは既に一年半前に対日参戦をテヘラン会談でチャーチルとルーズベルトに明言している。スターリンにとって、天皇の特使がモスクワへやって来るなど迷惑の極みである。日ソ中立不可侵条約を一方的に破って、対日宣戦を決意しているソ連に仲介を頼もうとしたのが日本政府だった。「溺れる者、藁をもつかむ」と言うが、日本政府の世界情勢認識の甘さを如実に暴露した事例であった。

対独第二戦線の早期樹立を迫るスターリン

スターリンは米英軍の北フランス上陸による第二戦線の早期樹立を強く主張した。

一一月二九日の第二回会談で、スターリンは北フランス上陸作戦の指揮官は誰かと尋ねた。チャーチルが未決定だと答えると、「それではどうにもならない」と不快そうに言った。チャーチルは再び、地中海作戦の復活を図ったが、スターリンは応じなかった。

スターリンの希望に応えるため、英米陸軍のアランブルークとマーシャルが仏上陸作戦の準備状況を説明した。スターリンは次の二点を尋ねた。

①第二戦線の最高司令官がまだ決まっていないのか。

②英は本当に第二戦線を考えているのか。ソ連をなだめるため、やるやると言っているだけなのではないか。

チャーチルは応えた。「条件さえ整えばやる。これは英の義務だ」。スターリンは更に言明した。「ドイツが降伏すれば、直ちに対日戦を始める」。

この日の夕食会で、スターリンは「独軍将校五万人を銃殺せねばならぬ」と言った。将校五万人といえばドイツ軍全将校の数に等しい。後述するが、スターリンはポーランドとソ連の国境に近いカチンの森でポーランド軍将校の大部分ともいえる三〇〇〇人を一挙に銃殺している。ドイツ軍、ポーランド軍の人材を根こそぎ消すために違いなかった。

一一月三〇日の会談では、戦後欧州の体制が議論された。問題はポーランドだった。独軍がポーランドに侵攻し、第二次大戦が始まった時からポーランド防衛を英国は言ってきた。スターリンは先年、ナチスとポーランド分割の秘密条約を結んでいる。

大統領選挙が来年に迫っていることもあり、ルーズベルトはこの問題に触れたくなかった。ルーズベルトの英国派遣特使ハリマンは、どんなことがあってもソ連はポーランドを占領し、所有するだろうと、考えていた。

一一月三〇日には三巨頭が昼食を共にした。第二戦線計画が確定したので、スターリンの顔には喜色が溢れていた。これまで、ルーズベルトとスターリンはよく二人だけで話し合っていたので、英国について間違った印象を植え付けられていてはとチャーチルは考えて、自分の六九歳の誕生日（一一月三〇日）を理由にスターリンを招待し、二人で充分に話し、英国の作戦意図を誤解されないよう努めた。

ルーズベルトは、スターリンの友情を得たことで非常に喜んでいた。ルーズベルトの信任の厚いホプキンスによればルーズベルトの生涯中、絶頂の時だった。

スターリンの言動は米海軍のキングに強い印象を与えた。キングは気の置けない旧知の記者に言った。「スターリンは自分の希望が何かをはっきりわかった上でテヘランへやって来た。

彼は徹頭徹尾リアリストで、甘い点は全くなく、しゃべることも、簡明・直裁にポイントを突いた。無駄な言葉は一語もなかった」。

カイロ経由で一か月以上かけて帰国したチャーチル

一二月二日朝八時、チャーチルの搭乗機はテヘランを離陸。来た時と同じメンバーのほかに駐モスクワ英大使のカーが同乗した。機はその日の正午頃、カイロに着陸。

カイロで一週間静養したチャーチルは、一二月一〇日カイロを出発。チュニス近くのエルオークナ空港に着いた。寒気が厳しかった。チュニスではアイゼンハワーの宿舎に泊まり、風邪をひいてしまった。看護婦も薬剤師もいない。肺炎になったら大変だ。アランブルーク参謀総長は随行医のモランに尋ねた。モランは、専門医一人、看護婦二人、X線装置が必要だと言う。医者と看護婦はカイロから呼び寄せ、X線装置はチュニスの病院から運ばせた。

病床で次女サラがジェーン・オースチンの『虚栄と偏見』を読み聞かせ、父の無聊を慰めた。一二月一二日、一五日とクレメンタイン夫人に病状を伝える電報が届いた。夫人は直ちに、リネハム空港からリベレーター機で出発し、夜明け前にはジブラルタルに着き、朝八時に出発して午後三時にチュニスに到着した。

意気の衰えぬチャーチルは、前年に行ったマラケシからのアトラス山脈の眺めが忘れられず、クリスマスの翌日に再びマラケシに行こうと考えたが、夫人の反対で一日延ばし二七日となった。空路となれば、勢力が衰えたとはいえ独空軍機に襲われる心配もある。医者は六〇〇〇フィート以上の高度で飛ぶことに疑問を持った。マラケシに行くには高度一万三〇〇〇フィートを飛ぶので酸素ボンベを用意した。

一二月二七日の朝、チャーチル、夫人、次女サラ、その他のメンバーが出発する直前にニュースが入った。前日、独戦艦シャルンホルストが英戦艦デューク・オブ・ヨーク等と交戦して撃沈された知らせだった。対ソ軍需物資輸送の北極海ルートを行く護衛船団を独海軍が襲い、海戦があったのだ。チャーチルは直ちにスターリンに祝電を打った。ソ連にとって、軍需物資が送られてくる北極海ルートは自国の生命線といってもよかった。

なお、米国西海岸から軍需品を満載して、ソ連国旗を掲げる米標準型輸送船が続々と津軽海峡を通過して日本海経由でウラジオストックに入港していることは日本政府もつかんでいたが、ソ連を刺激しないよう、見て見ぬふりをした。また、米国製戦闘機がベーリング海峡を越えて、シベリアに空輸されていることも、日本政府は知っていた。

六時間の飛行でマラケシ着。前回来て気に入ったテイラー夫人の別荘を借りた。チャーチルはいつものように、ここにマップルーム（地図室）を作る。同行メンバーには常時暗号専門員がおり、ロシア戦線、ビルマ戦線、ニューギニアへの米軍の上陸などの電報が絶え間なく入電してくる。

一九四四年一月六日には、ベルリン、キール、その他北フランスの要地に空襲を敢行し、オランダの要衝には戦闘機による機銃掃射作戦を行った。

英印軍はイタリア本土を進軍中である。大晦日にはアイゼンハワーとモントゴメリーが、年の明けた一月一二日にはドゴールがチャーチルの宿舎にやって来た。宿所では毎夜、夕食会を開き、チャーチルはここで二週間半を過して英気を養った。

一月一四日午後一二時四五分、専用機でマラケシを離陸。二時間の飛行でジブラルタル着。一五日深夜三時にチャーチルを乗せた英戦艦キング・ジョージ五世が抜錨。一七日の夕刻、英本土の軍港プリマスに投錨。そこから特別列車で翌朝、ロンドンのパッジントン駅に到着した。

6　極東戦線が議題になった第二回ケベック会談　一九四四年九月

ノルマンディー上陸作戦

マラケシから帰国して後の五ヵ月間、チャーチルは英国を離れることができなかった。エネルギーはスターリンに約束した北フランス上陸作戦に傾けられた。戦時宰相として強力な権限を与えられているチャーチルは全ての力をこの作戦準備に注いだ。

ノルマンディー上陸の開始日であるDディが近付くにつれ、チャーチルは機密保持に万全を期させた。ロンドンの外国外交官に制限を加え、彼らの打つ暗号も禁じた。

ルーズベルトは大統領選挙を控えている。英本土領域でノルマンディー上陸作戦のための四〇〇〇隻以上の艦船や兵力の準備が完了した。六月六日の上陸作戦に七〇歳のチャーチルも参加を望んだが、最高司令官アイゼンハワーは消極的で、国王からも「万一のことがあったら、国事に重大な支障を来たすから断念を」と憂慮されたので、さすがのチャーチルも折れた。

上陸軍には、臨機応変の戦術変更が必要な事例も考えられる。急遽ロンドンに連合参謀長会議（ＣＣＳ）のメンバーが集まった。米国のマーシャル、キング、アーノルドの三人は六月八日、ワシントンを飛行機で発ち、翌日ロンドンに到着。

ノルマンディー上陸開始日から四日後の六月一〇日、戦時内閣室で連合参謀長会議が開かれた。翌日夕方、メンバーはポーツマス行きの列車に乗り込み、翌一二日朝ポーツマス着。ここで偶然アイゼンハワーと会った。英軍関係者は英駆逐艦、米軍関係者は米駆逐艦に乗って、ノルマンディー方面に向った。オハマビーチに上陸し、ブラッドレー陸軍中将（後、米陸軍参謀総長）から説明を聞いた。

この日、チャーチルも英駆逐艦ケルビンに乗ってノルマンディーに上陸し、残存硝煙の漂う激戦地の一部を見回った。興奮気味のチャーチルは艦長に命じて、独軍が未だいると思われる方面に艦砲を発射させた。

ポーツマスからロンドンへ向かう列車の中ではシャンパンが抜かれた。チャーチルの興奮は収まらず、米英軍首脳との乾杯が続いた。

七月、チャーチルは再び、米空軍のＤＣ３機を使用して、進攻したフランスでの新占領地シャブールやカエンを訪れ、二、三日おいて巡洋戦艦に坐乗、イタリア本土のナポリを訪れた。その足で駆逐艦キンバリーから連合軍の南フランス上陸作戦を観戦し、英本土のノルトホルトに帰国したのは八月二九日であった。

大勢を引き連れてカナダへ

チャーチルは、①イタリア本土の戦況、②太平洋方面の英軍作戦、③ドイツの敗戦処理、等を協議する巨頭会談を英国で行うことを望んだ。スターリンは自国から離れられないと断ってきた。ルーズベルトもスターリンのいない英国での会議には消極的だった。一一月には大統領選挙もある。そこで、チャーチルは英米巨頭のケベック会談を提案した。チャーチルがまだイタリア本土にいた八月一二日、ルーズベルトから承諾の電報が届いた。

ルーズベルトは少ないメンバーでの会談を望んだ。秋の旅行シーズンにシャトーフロンテック・ホテルを長期間借り切るのもどうだろうか、とも考えられた。チャーチルはいつものように多数のメンバーを連れて行くことを希望。チャーチルが国外に行く時のメンバーは、護衛の海兵隊三六人、事務関係者四二人、暗号関係者三九人。チャーチル直属は口述速記者、タイピスト、個人秘書等七人、事務官六人と多い。三週間に亘る旅行なので、多くの関係者の随行が望まれた。この会談では極東関係が討議されるが、陸軍のアランブルーク、海軍のカンニンガム、空軍のポータルのいずれも極東関係に疎い。

九月四日、連合軍はベルギーのアントワープ港を占領し、ドイツ本土進攻への補給路が拡充した。ライン川の橋を占領する降下部隊急襲作戦は九月一七日に予定されている。

五日朝九時四〇分、チャーチルの特別列車がアジソンロード駅を出発。列車は夕刻七時にグラスゴーの外港グリーンノックに到着。一行は直ちにクイーンメリーに乗り込んだ。夕食は牡蠣やシャンパンがふんだんに出される豪華版であった。同船には米国に帰国する傷病兵が乗船している。

午後八時三〇分、乗員三五九四人を乗せたクイーンメリーは抜錨。連合軍の占領により、ビスケー湾のUボート基地はなくなったが、独海軍はシュノーケルをUボートに装備し、独本土を基地として北スコットランド方面水域での活動をやめていなかった。

ちなみに、シュノーケルとは、水中から吸気・排気管を空中に出し、水中を潜ったままディーゼル・エンジンによる運航や蓄電が可能な装置のこと。従来は、水中では電池で運航し、水上でディーゼル・エンジンにより航行や蓄電を行った。このため電池での水中運航は少時間に限られた。シュノーケル装置で水中を長時間動けるようになり、英軍レーダーに捕捉されにくくなった。

結局、主なメンバーはチャーチル随行員を除いて次の通りとなった。海軍軍令部関係は、カンニンガム以下一二人の士官と下士官とタイピストなど三人。陸軍参謀本部関係は、アランブルーク以下一五人の士官と下士官七人。空軍参謀本部関係は、ポータル以下一三人。連合参謀長会議関係は五人。暗号関係者は一七人の士官。戦時内閣事務部門はタイピスト、事務官若干名。

六日間の航海中、チャーチルは例によって連日、三軍参謀長と討議を行い、時には日に二回の会合を持った。チャーチルが恐れたのは、米側から「欧州では助けたのに、欧州の戦局が良くなると、対日戦争は米国だけでやらせる」と言われることだった。英国はビルマ以外の極東でも戦う必要があった。

精力的なチャーチルと比べ、アランブルーク陸軍参謀総長は精神的に疲れていた。前任のディル元帥もそうだったが、個性が強く何でも自分で決めようとするチャーチルに振り回されることが続いていた。アランブルークはビルマ作戦の代りにスマトラ島上陸作戦を考えていたが、チャーチルとは意見が合わなくなっていた。

いつものように船内にはマップルーム（地図室）が作られ、チャーチルはしばしばここに出入りし、イタリア本土戦線の状況に関心を示した。自分で大地図に鉛筆で師団や旅団の進攻状況を書き込む。大西洋のスコットランド北部近辺にはまだUボートが活動中だ。

クイーンメリーは二九ノットの高速で北上しニューファンドランドに向かった。護衛は巡洋艦ケントと駆逐艦三隻。途中からケントに代りバーウイックとなった。九月一〇日午後一時頃、ハリファックスに入港。特別列車に乗り二一時間かけてケベックに向かう。ルーズベルトは、エレノア夫人同伴で特別列車でケベック駅に着き、チャーチル一行を出迎えた。カナダ総督アスロン伯爵と、その夫人アリス（ビクトリア女王の孫）も駅に出迎えに来ていた。カナダの首相はマッキンゼー・キング。

九月一二日から一六日まで、毎朝一〇時から米英両国の参謀長会議が個別に行われ、その後、両者の連合参謀長会議（ＣＣＳ）が開かれた。会議は全体で二八の部門に分かれ、五日間に亘った。タイピストは交替制で朝八時から翌朝四時近くまで仕事をした。

ホテルでは毎夜ダンス会が開かれた。

第二回ケベック会談
前列左からマーシャル、リーヒ、ルーズベルト、チャーチル、アランブルーク、ディル
後列左からホリス、イズメイ、キング、ポータル、アーノルド、カンニンガム

対日戦への英艦隊の参加を申し出る

ルーズベルトとチャーチルは一三日と最終の一六日の二回、連合参謀長会議に臨んだ。米軍指揮下に入って、太平洋での対日戦に英艦隊を参加させたい、とチャーチルは申し出た。前述したように、米側から「我々は欧州へ応援に出掛けたが、対日戦では英側は何もやってくれなかった」と言われるのをチャーチルは恐れた。東アジアで多くの植民地を持つ英国には戦後の国境問題もある。東アジアでの英国の発言権を残しておくため、対日戦への参加が不可欠であった。

チャーチルからの申し出に対する意見をルーズベルトから求められたキングは否と答えた。英艦隊はシンガポール攻略を第一とし、その後、蘭印のスマトラ、ジャワ、ボルネオの攻略に使うのがよい、というキングの意見はチャーチルを不愉快にさせた。

英艦隊派遣申し出の裏には、英の担当地域であるマレーや蘭印方面の戦いに米軍を引き込もうとするチャーチルの腹があるとキングは見たのだ。チャーチルは、米の旧式戦艦の代替として、英の新式戦艦使用も申し出たが、キングはこれに言及しなかった。

チャーチルの申し出は連合参謀長会議で検討されることになった。激しく対立した英米双方も、英側がバランスの取れた艦隊を提供し、米側は英側の補給支援は一切しないという条件で妥協が成立した。

両巨頭会談に、英側はチャーチルと三軍の参謀長、戦時内閣のイズメイ少将、マウントバッテンからビルマ方面作戦軍を引き継いだレイコック陸軍少将が参加。米側の参加者は、ルーズベルトと米統合参謀長会議メンバーだった。病気（胃癌）が悪化していたホプキンスはいなかった。

独伊海軍が壊滅したので、英海軍の空母を含む艦船を太平洋方面に割くことができるようになったが、キングは英海軍の対日戦参加に反対した。英海軍の空母戦力など期待できない。日本海軍と戦うには現状の米海軍で不足はない、迷惑だ。戦争が終る頃になって出てくるのは、戦争の獲物を得るためなのが明白だ。キングの反対の理由は次の三点だった。

①太平洋のような広大な海域での長距離作戦や海上給油に英海軍は慣れていない。

②英海軍の力では、戦局に影響を与えることはできない。

③戦局が終了しつつある時期に、この地域へ途中から入ってきて影響力を残そうとしているのが見え見えだ。

チャーチルにはキングの発言は耳が痛かった。チャーチル戦略に対してキングはいつも真っ向から反対するが、それは軍事的視点から見れば甚だ真っ当なものだったのだ。チャーチルは不愉快になった。『第二次大戦回想録』第六巻には、この会合でのキングを直接名指しをせず、複数形にして「あるトラブルメーカーたち（certain trouble-makers）」と記している。キングの強硬な反対を、ルーズベルトは「まあ、英国側の援助も受けよう」と宥める。

ソ連はスターリンがすべてを決断し、陸相のウォロシーロフは絶対服従だ。英国の三軍参謀長はチャーチルとの接触が多く、チャーチルの意に染まぬ発言はしない。米軍では軍事戦略に自信満々のキングがチャーチルに向かって強硬な発言を繰り返す。

キングは同僚の二人も評価していなかった。「陸のマーシャルはできる男かも知れぬが頭が悪い。陸軍航空のアーノルドはマーシャルのイエスマンで、自分が何を喋っているかわかっていない」。

第二回ケベック会談に随員として参加した首席秘書官コルヴィルは、チャーチルからルーズベルトに紹介された。この会談で数回ルーズベルトに会ったこの秘書官によれば、大統領は印象的なことは何も喋らず、それどころか記憶に残ることさえ言わず、眼には生気がなかった。ルーズベルトのの健康悪化が徐々に現れていのだ。健康状況が優れないルーズベルトの精神力にゆるみが生じ始めていたのかもしれない。ルーズベルトはチャーチルの熱弁に押されがちだった。

巨頭会談を終え帰国

最後の巨頭会談は九月一六日の正午から始まり、早く終った。この日の午後五時、ルーズベルトは特別列車で帰国。夜にはアスローン卿主催の夕食会があった。

九月一七日の早朝、チャーチルは夫人と四女のメリーと共に、特別列車でニューヨークに向かった。一四時間の列車の旅を終えグランドセントラル駅に着いたのは夜の九時三〇分。

翌朝、ニューヨーク市北方ハイドパーク村にあるルーズベルトの私邸に出向いた。この日、ウインザー公（一九三六年の退位まで、キングエドワード八世として英国王）もここへやって来て、チャーチル、ルーズベルトと昼食を共にした。ホプキンスもいて、「健康が悪化し、昔のように仕事はできない」と嘆いた。

翌々日の一九日朝七時三〇分、クイーンメリーはニューヨーク港を出港。安全のため、チャーチルと一部の随員は港内のスターテン島から船を利用してクイーンメリーに乗船した。同船の船員は一一一〇人、乗客は九〇八四人。

　帰国航路途中の九月二四日の夜、クレメンタイン夫人主催のカクテルパーティーが開かれたが、チャーチルは出席しなかった。船内にはいつものように、マップルーム（地図室）が作られ、チャーチルは毎日この部屋に入る。二四日正午、アイルランド南西四〇〇マイルの地点に至り、翌日二五日夕方五時にクライド湾のグリーンノックに入港。

　特別列車はグリーンノック駅を午後七時五〇分に出発。ロンドンのユートン駅に着いたのは二六日の朝一〇時だった。

　この第二回ケベック会談の結果、英海軍のローリング中将に率いられた第五七機動部隊は沖縄や台湾の日本軍飛行場の攻撃を行い、一九四五年七月一七日には東京の空に英軍のマークをつけた飛行機が飛来するまでになった。

7　戦後欧州体制を議論した第二回モスクワ会談　一九四四年一〇月

ソ連の意向を探るチャーチル

ロンドンに帰った翌日、チャーチルは空軍参謀総長ポータルに、モスクワでスターリンと会う計画を作るよう指示した。ポータルは駐ソ大使館を通じてソ連の意向を探った。

ルーズベルトは大統領選挙を控えているので遠くへは行けない。スターリンもモスクワを離れる意思はなさそうだ。

九月三〇日、スターリンから、①一〇月にモスクワに来るのを歓迎、②軍事問題だけでなく、他の重要事項が討議されるべき、との返電があった。チャーチルはつぶやいた。「鉄は熱いうちに打て、だ」。
①ソ連の対日参戦、②戦後の欧州体制。特にポーランド問題、③ビルマ戦線、の三点を協議したい、とチャーチルは考えていた。①に関しては、ルーズベルトから、英ソ両国だけで協議するのはよくないとの苦情が出るのは目に見えていた。③はスターリンへの説明だ。となると、重要課題は②であった。
ソ連軍がワルシャワに近づいた八月一日、ポーランドのレジスタンスの大規模な反独蜂起があった。以降二ヵ月に亘り抵抗が続いたが、独軍の武力で一〇月二日、レジスタンス蜂起は壊滅した。この間、ソ連軍はレジスタンス蜂起を援助せず傍観を決め込んでいた。

スターリンとしては、ポーランドに傀儡政権をと考え、息のかかった者にその準備をさせていた。ロンドンに亡命している亡命ポーランド政府は目の上の瘤だ。八月一日のレジスタンス蜂起はロンドンの亡命政府の指導で行われた。スターリンとしては、亡命政府支持者は独軍の手で根絶やしにしてもらういい機会となり、レジスタンス側に一切援助しなかった。ポーランド解放はソ連軍なくして不可能なことを、ポーランド人に骨身に沁みて知らせるためでもあった。

戦後判明したことだが、ソ連軍はポーランド軍将校三〇〇〇〇人をソ連との国境に近いカチンの森で一斉に銃殺していた。これもポーランドの軍事力を弱め、ソ連の意のままになる傀儡政府を作るためのものだった。

チャーチルから指示を受けたポータル空軍参謀総長はコリンズ空軍大臣と相談しつつ、次の空路を考えた。ロンドン→ナポリ→エジプト→ギリシャ・トルコ上空→ダーダネルス海峡上空→黒海上空→クリミア→モスクワ。

チャーチルはスターリンへ、セバストポール近くのシンフェロポールで給油したいと電報を打った。スターリンからはシンフェロポール近くのサラブス飛行場を使って欲しいと返電があった。

一〇月五日、先発のリベレーター機二機が、口述速記者、タイピスト、暗号士官、護衛海兵隊員、飛行機技師、下僕などを乗せて出発。チャーチルらメインメンバーを乗せた二機は八日の深夜一二時一〇分にノルトホルトとリネバムの両飛行場から出発。七時間の飛行でナポリ着。直ちにナポリの宿舎に入り、入浴、髭剃り、朝食。イタリア本土北上中の英陸軍を率いるアレキサンダー将軍が宿舎にやって来て、イタリア戦線の状況を報告した。英軍の次の目標は、バルカン半島への進攻だ。チャーチルはルーズベルトに米陸軍の二個ないし三個師団の派兵を要請する電報をナポリから打つ。

英国大使館の夕食会にスターリン現れる

一〇月九日朝一一時一五分、カイロに向け出発。主要メンバーはチャーチル以外に、イーデン外相、三軍首脳で唯一同行したアランブルーク陸軍参謀総長、イズメイ戦時内閣事務局長。一行がモスクワの中央空港に到着したのは一〇日の正午前だった。約束の第二戦線が樹立されたこともあり、空港にはモロトフはじめソ連軍の将軍達が出迎え、軍楽隊により両国の国歌が演奏された。

前回の国立別荘をチャーチルは気に入っていた。今回もそこを希望したが叶えられず、市から二〇マイル離れた別荘の提供を受けたが、風呂の設備がお粗末だった。アランブルークとその幕僚は国立ホテルに泊まることとなった。

モスクワに着いたその日の夜一〇時、クレムリンで会談が始まった。ソ連側はスターリンとモロトフ、英側はチャーチルとイーデン外相、それにアメリカ特使ハリマン。通訳はバーズ英陸軍少佐とソ連側のパブロフ。

この日、チャーチルとスターリンは連名でルーズベルトに電報を打った。

翌日一一日の夕刻、スターリンは英国大使館の夕食会にやってきた。前代未聞の出来事だった。スターリン護衛のため、周辺はソ連軍によって固められ、まるで英大使館が占領されたような状況となった。夕食会は深夜まで続き、非公式の雰囲気で多くの事項が話題になった。

この日、チャーチルはルーズベルトにスターリンとの会談に関する個人電報を打つ。一二日、ルーズベルトから返電があった。「一〇月一〇日の（チャーチルとスターリンの）連名電報を感謝す、両閣下が今次大戦に関して二つの心を合わせて会合しているのを嬉しく思う」との内容だった。

モスクワではレーニンの遺体公開は停止されていて、独軍から獲得した武器（獣医用機器から飛行機まで）が広場に展示されていた。

一〇日間のモスクワ滞在の間、毎晩さまざまな行事が行われた。一〇月一四日にはボリショイ劇場のロイヤルボックスにスターリンと並んでバレエを観劇した。スターリンが大衆の前に姿を現すのは珍しかった。チャーチルが立つと観客は一斉に拍手で応じた。

チャーチルは毎日、朝の時間を書類の点検にあて、昼食後は昼寝して夕方の会談に臨んだ。

盗聴を逆手にとった英国側

チャーチル・スターリン間の会談の主たるテーマは戦後欧州の体制だった。チャーチルはスターリンに伝えた。

①ソ連軍がルーマニアとブルガリアにいるが、英国はここに代表部を置いて関心を持っている。両国間に目的の齟齬があってはならない。

②ユーゴとハンガリーに英国は50％の関心を持っている。

③ソ連軍占領のルーマニアには90％の関心を持っている。

④ギリシャへの英米の影響力に関しては90％の関心で推移を見ている。

一〇月一二日には臨時ポーランド政府（ソ連の傀儡政府）の主要メンバーが呼ばれた。亡命ポーランド政府は英国に存在している。一〇月一三日はポーランド問題にのみ時間が割かれた。

モスクワ訪問に際して、モスクワ英大使館には六人の暗号関係者と六人のタイピスト、さらに外務省の通信部長が急遽派遣されている。戦況報告の大量の文書が飛行機で直接モスクワに届けられた。敵上空を飛ぶこともあり、撃墜されて文書が捕獲される恐れもあり、全て暗号化されている。これを解読するための暗号関係者とタイピストがモスクワに派遣されたのだ。解読された大量の文書は英大使館文書連絡員（クーリエ）がチャーチルの泊まっている別荘に直接届ける。

①ソ連はいつ対日宣戦するか、②兵力を極東に送るに要する時間、③シベリア鉄道は米空軍の日本攻撃に役立つことができるか、の三点が対日戦争に関して英国側の知りたいところだった。これをスターリンに直接尋ねるのがいいかはわからないが、同行のディーン陸軍少将は大きな声でこの三点を知る必要性を語った、チャーチルの部屋に盗聴器が仕掛けられているのは常識で、それを逆に利用してディーンはスターリンに直接話しかけたのだ。

翌日の会談でスターリンは対日戦に関して、次のように口火を切った。

①ドイツが降伏して三ヵ月後に対日戦争を始める。

②シベリアに米空軍の基地を許す。ただし補給は太平洋方面からして欲しい。

余裕綽々と帰国

陸軍参謀総長アランブルークが担当したソ連軍との会議は一〇月一五日までに終了した。終了後はクレムリン宮殿を見学したり野鳥観察を楽しんだ。アランブルークの趣味は野鳥観察だった。以前から、英国では野鳥観察が盛んだった。一九〇九年に大統領職から離れたセオドア・ルーズベルトが英国に渡った時には、グレイ英外相と二人きりで数日間、英国の山野を野鳥観察で巡っている。フランクリン・ルーズベルトにも、チャーチルにも野鳥観察趣味はなかった。

一〇月一八日、クレムリンで大夕食会があり、スターリン、モロトフも出席し、深夜まで続いた。一九日は早く出発したかったのだが、一〇時三〇分の天気予報を待つこととした。雨にもかかわらず、空港にはスターリンが見送りに来た。儀仗兵の閲兵と両国国家の吹奏があった。スターリンは自分の思い通りに事が運んで、喜色が顔面に現れるような時には、自ら見送りに行くことが稀にあった。一九四一年四月にモスクワで日ソ中立条約が締結された時も、スターリンは祝杯を重ね、松岡洋右外相をモスクワ駅頭に酔歩で見送り、人々を驚かせている。

正午少し前、英メンバーを乗せた三機が離陸。午後三時三〇分、クリミア半島のサラブスに着陸。一時間のドライブでシンフェロポールに行き、ここで一泊。チャーチルとイーデンが同じ宿で、アランブルークとイズメイは山中の別の宿所に泊まった。

九〇年前に英国とロシアが戦ったクリミア戦争の古戦場セバストポールに行く時間はなかった。車中から、鎖に繋がれ道路工事をしている人達を見た。ぼろを着て、飢えている様子がよくわかった。通訳に聞くとソ連の囚人だという。英国側は独軍捕虜に違いないと思った。

夜も夕食会があった。次から次へと豪華な食事が出る。葉巻もウオトカも出る。乾杯とスピーチが続く。飛行場で、自分の搭乗機がソ連兵に囲まれて護衛されているのを見た途端、護衛の海兵隊員はじめ、乗員の何人かは必ず機に残っていなければならん、とチャーチルが怒った。

翌日、サラバス→黒海→ダーダネルス海峡の上空を飛び、カイロの西空港に着いた。七時間の空の旅だった。カイロでは、チャーチルがお好みのキャセイ・ビラを宿所とした。マウントバッテンが宿舎を訪れ、インドからビルマ方面への進攻状況を報告。

翌朝一一時にカイロを出発してナポリに行き、ここで一泊。翌朝一〇時一六分に離陸し、ロンドン近くのノースホルト空港に着陸したのは午後五時。クレメンタイン夫人も出迎えた。機にはモスクワで積んだ大量のキャビアとウオトカが積まれていた。

英国への帰国途上の一〇月二二日、チャーチルはモスクワ会談の詳細を口述筆記させた電報をルーズベルトに打電した。

ノースホルト空港からチェカーズの首相別荘に直行。出迎えた秘書官によれば、チャーチルは心身ともに快調のようで、夕食の後、寛いで、映画「ヒトラー一味」（一九四四年の英国映画）を見た。ナチ指導者層を演じた役者達は迫真の演技だった。

8　ドイツ降伏とソ連の対日参戦を決めたヤルタ会談　一九四五年二月

チャーチルとルーズベルト、マルタ島で準備会談

次の三点を協議するため、近く米英ソの三巨頭会談が必要だとチャーチルは思った。
①最終的にドイツを降伏させるため、今、必要なものは何か。
②ナチスの占領地だった地域をどうするか。
③日本への最終的攻撃をどのように組織化するか。
チャーチルはモスクワからの帰途、ルーズベルトに次のような電報を打った。
①医師の勧告もあり、飛行機を使っての旅行にスターリンは消極的。
②北部ロシアは論外だろう。寒気が厳しいとともに、ドイツの空と海からの攻撃を受ける恐れがある。

③トルコが対独宣戦をしない限り、ソ連は軍艦を使用してダーダネルス海峡を通過することはできないだろう。
④結局、クリミアなら三巨頭会談の可能性がある。
⑤チャーチルの見る限り、クリミアはあまり良くない。黒海の港町はどこも同じだろう。
⑥船で行くとすれば、アテネか、キプロスはどうだろうか。
ルーズベルトは健康に問題があり、飛行機は無理だった。主力艦や護衛の巡洋艦をダーダネルス海峡を通過して黒海へ進めることは米海軍が強く反対した。

一九四四年一一月末、スターリンはルーズベルトに電報を打ってきた。「医者は長い旅は止めたほうがいいと言うので、黒海沿岸はどうか」。ルーズベルトは次のように返電した。
①スターリンが地中海方面が駄目というなら、クリミアのヤルタでもよい。
②地中海の港から船でセバストポールへ行くのはどうか。
チャーチルもルーズベルトも大胆、勇敢な旅行者だったが、スターリンはそうではなかった。

一九四五年一月三日、スターリンからチャーチルに会いたいという電報が入った。チャーチルはルーズベルトに電報を打つ。
①なぜモスクワへ来ないのかとスターリンは言うかもしれない。
②マルタ島で二、三日過ごして、二人（チャーチルとルーズベルト）で会えないだろうか。
その時、両軍首脳間の協議も出来る。

ルーズベルトはマルタ島での会談には乗り気でなかったし、チャーチルにとってケベックで会うのは遠すぎる。ルーズベルトからチャーチル宛に返電があった。「一九四五年二月二日なら、行ける。しかし、旅行の日程で貴下とゆっくり会談する時間はない」。

チャーチルの乗船は客船のフランコニア（二万一七五トン）となった。元々はリバプール・ニューヨーク間の客船だったが、新鋭豪華客船が次々とこのドル箱航路に投入されるようになり、後には世界一周の観光船になっていた。船長のグラッドリッジは一月一一日、軍令部に呼ばれ、カンニンガム軍令部長から説明を受けた。戦争になってからダーダネルス海峡を通過した英船はない。トルコ政府は商船なら了承するだろうし、軍人が乗っていても見てみぬふりをするだろう。問題は敷設機雷だ。

リバプール行きの特別列車が用意された。一等寝台車、三等寝台車にそれぞれ二四人、五六人が乗り込み、護衛海兵隊員が大部分である五〇人は普通の三等車に乗った。アジソンロード駅を一月一七日の深夜一二時二〇分に出発、朝一〇時にリバプール着。

一七日午後一時、フランコニアは出帆、深夜ジブラルタル沖を通過。二五日、マルタ島に近づき、午後にはマルタ島バレッタのグランドハーバーに投錨。上陸は許されなかった。船内には大量の無線通信を捌くため、多数の無線機器が運び込まれていた。

チャーチルは、海路ではなく、一月二九日の深夜、英本土のノルトホルト空港からスカイマスター機で出発し、早朝にマルタ島に着く予定だった。天気予報によれば、マルタ方面に雪雲が近づいているので夜九時三〇分出発に早めた。チャーチルには次女サラが同伴し、マルタに到着するのは朝四時三〇分。マルタで巡洋艦オリオンを宿所とした。

一九四五年一月二〇日、ルーズベルトは四期目の大統領就任式を行った。ヤルタ会談出席のため、側近のホプキンス、統合参謀長会議議長のリーヒと共に、巡洋艦クインシーに座乗して大西洋を横断。キングとマーシャルは万一の事故を考え、別々の飛行機を利用した。二人がバーミューダ、カサブランカ経由で雨のマルタ島に到着したのは一月二九日。キングは英砲兵隊の兵舎で寒い一夜を明かした。陸軍航空隊のアーノルドは心臓発作のため、カッター中将が代理出席した。

連合参謀長会議（ＣＣＳ）が翌日から二月二日まで四回に亘って開かれた。

アランブルークとアイゼンハワーはマントンパレス・ホテルに、カンニンガムはバレッタ港の海軍司令部で泊まった。一月三一日には連合参謀長会議メンバーの夕食会があった。ルーズベルトが到着するまでに決めておかねばならないことが山積していた。会議ではアイゼンハワー案とモントゴメリー案が対立した。モントゴメリー案はチャーチルの考えによるもので、ソ連軍がドイツ全土を占領する以前にできるだけ多くのドイツ領を英軍にいれておきたいとし、平原地帯を一気にルール、ベルリンへと向かうというもの。アイゼンハワー案はドイツ軍の分断と、主力撃破を目指して案出されたものだった。会議では、結論は出なかった。

飛行機による長旅が許されない健康状態だったルーズベルトは一月二三日、巡洋艦クインシーに坐乗してニューポートニューズを出港した。緊急の重要書類は飛行機で運び、一行が航行中の海に投下、それを駆逐艦が拾いクインシーに届けた。ルーズベルト一行は一五〇人。ルーズベルトの指示よりも三五人増えた。艦内での楽しみは映画会で、これはチャーチルが大西洋横断する際の船内と同じだった。

二月二日、巡洋艦クインシーがマルタ島バレッタに入港するのをチャーチルは英巡洋艦オリオン艦上から眺めた。一月三〇日、六三歳の誕生日をクインシー艦内で迎えたルーズベルトの航海中の身の回りの世話は、一人娘でゲッチンガー夫人となっているアンナが行っていた。チャーチル同様、身の回りの世話は娘にさせるのが安心だったのだろう。

この日の午後、チャーチルとルーズベルトの出席する連合参謀長会議が開かれ、前述のアイゼンハワー案が採択された。

米海軍のキングには六人の娘がおり、末っ子の一人息子がアーネスト・J・キング・ジュニアである。一九四四年にアナポリスを卒業、今は一少尉として巡洋艦サバンナに乗り組んでいた。たまたまマルタ島で親子は顔を合わせた。キングは連合参謀長会議後の夕食会で、メンバーに息子を紹介した。チャーチルの一人息子ランドルフが政治家として成長しなかったと同様、このキングの一人息子も海軍軍人としては大成しなかった。

チャーチル以外のメンバーを乗せたフランコニアは一月二六日の正午、マルタ島を出帆。ダーダネルス海峡通過時には軍服を脱いで全員平服を着用し、同船に取り付けられていた大砲は布で覆い隠された。黒海に入ると、ソ連の駆逐艦二隻と掃海艇二隻が先導した。三一日午前一一時にセバストポール着。

ルーズベルト坐乗のクインシーがマルタ島に到着したのは二月二日の午前一〇時。随行の主要メンバーを率いてルーズベルトは、チャーチルがいる英巡洋艦オリオンに向かった。オリオン艦上でルーズベルトは、新国務長官のエドワード・ステッチニス（前国務長官はハル）を紹介。夕方、チャーチルはクインシーに移り夕食会に臨んだ。夕食会後の午後一〇時、チャーチルはクインシーを離れ飛行場に向かった。チャーチルは最初、マルタを昼間に発つことを考えたが、これではソ連のサキに到着するのが夜となり危険だ。かくして、マルタを深夜の三時の出発となった。双発双胴のＰ38米戦闘機八機がそれぞれ四機ずつ、ルーズベルト機とチャーチル機の護衛飛行をした。

両機は地中海を東行して、ギリシャ（まだ独軍の占領下）上空から北上。ダーダネルス海峡上空から黒海上空を飛ぶ夜間七時間の飛行だった。サキ空港はセバストポールから数マイル離れている。道には二フィートの積雪があり、一〇〇〇人にも及ぶ男女が総動員され雪かきに励んでいた。

二月二日から三日にかけ、キングとマーシャルはマルタ島を出発し、七時間の飛行でクリミヤ半島のサキ空港に到着した。

ヤルタ会談
左からチャーチル、ルーズベルト、スターリン

三巨頭によるヤルタ会談が戦後の枠組みを決めた

クリミア半島は、ソ連領内の中では最も便利な位置にあり気候も良い。独ソ間で三度も占領、再占領となった激戦地でもあった。会談予定地のヤルタは、かつての皇帝や貴族の保養地である。

クリミア地方は過去数ヵ月に二度も戦火に遭ったので町は破壊されていた。ソ連側は家具からベッドまで必要な物は全てモスクワから列車で運び、会場設営に全力を尽くした。七〇〇人もの代表団が来たのだから設備が足りるわけがなかった。サキ空港からヤルタまでは八〇マイルの雪の悪路だ。寒気の中四時間近く走ることになるが、途中はトイレの施設も充分ではない。

対空砲を備えた装甲列車でやってきたスターリンはコソポフ宮殿に泊まった。ルーズベルトとマーシャル、キングはリハディア宮殿を宿舎として提供された。ロシア皇女の私室を割り当てられて、キングは会場で皆から冷やかされた。この宮殿は皇帝用に使用されていたもので、革命後は病院となり、独ソ戦の独軍占領時代は、独軍司令部が置かれていた。チャーチルには、独軍占領時、マンシュタイン元帥の宿所だったウォロンツオフ宮殿が提供された。

まず、スターリンとチャーチル、スターリンとルーズベルト、チャーチルとルーズベルトの二巨頭会談が四～五時間をかけて実施された。

ルーズベルトはケベック会談時に比べ、格段に健康状態が悪化していた。会談でも討議に移るとほとんどしゃべらず、口を開いたまま座っている。チャーチルに同行した医者の目には重症の病人に映った。脳血脈硬化状況の全ての兆候が出ている。あと二、三ヵ月の命なのではと思われた。ルーズベルトの健康状態に配慮して、会談はルーズベルト用宿舎のリハディア宮殿で行われた。

議題は、①戦後ドイツ問題（賠償その他）、②国連の創設（拒否権を持つ常任理事国の創設）、③ポーランド問題だった。

チャーチルが恐れたのは、戦後、米国の関心が欧州から離れるのではないかということだった。米が離れると、英国一国でソ連と対峙しなければならない。ポーランドには既にソ連の傀儡ルブリン政府ができている。ポーランド人の自由な選挙でポーランド政府を作れ、というのが米英の意見なのだが。

四回に亘る会談の後、二月八日の夕食会はスターリンが主催。チャーチルはスターリンを讃えるスピーチをした。深夜ウォロンツオフ宮殿に帰ったチャーチルは鼻歌が出るほど上機嫌だった。二月一〇日の夕食会はチャーチル主催。過去には不理解と意見の相違があったが、今では信頼できる友人となったと挨拶し、続いて、「我々英米には総選挙と大統領選挙とがある。この期間、共産主義に対して厳しいことを言わなければならないかもしれない。ご存じの通り、英米には二つの党がある」とチャーチルが喋ると、スターリンが直ちに「一つの党の方がもっと良い」と口を挟んだ。

チャーチルはルーズベルトとスターリンをマップルーム（地図室）に招いた。「道の最後まで正しく歩め」と鼻歌的に口ずさみつつ、休戦後のドイツ分割案を幾分割り引いて、地図上に示した。ルーズベルトはチャーチルの鼻歌は英国の秘密兵器だと、茶々を入れた。

二月一一日、三巨頭による宣言が発表された。イズメイ戦時内閣事務局長は、ヤルタ会談を次のように総括した。

①飲み食いの点では愉快だった。
②社会的には成功だった。
③軍事的視点から言うと不必要だった。
④政治的面からは失望した。

会談終了後速やかに帰国したチャーチル

二月一一日、三巨頭宣言が発表されると、チャーチルは宿舎のウォロンツオフ宮殿に帰った。直ちに「五〇分後に出発！」と引き上げを命じる。随行員は慌てて準備に入った。一時間二〇分後の午後五時三〇分、チャーチル一行の車はウォロンツオフ宮殿を離れた。

暗夜の山道を越え、夜中にセバストポールに着き、ここに停泊中の英客船フランコニアに乗り込む。グラッドリッジ船長の出迎えを受け軍首脳と合流。フランコリア船内には前述したように、最新の通信機器が積み込まれており、チャーチルの不在中にも大量の電報が入っている。チャーチルは直ちに電報チェックを始めた。うるさい音を出してはいけない、と娯楽室は閉鎖された。

仕事を終えると、いつものように、チャーチルはリラックス時間を楽しむ。船内にはクイーンメリー一等船室食堂の料理人が乗り込んでおり、このシェフが腕に撚りをかけて、極上の料理を出す。ある日の朝は鶉《うずら》料理だった。鶉の焙り肉、ベーコン、食用アザミ、マッシュルームを盛り合わせたものをシェリー酒を飲みつつ味わう。チャーチルはこれにいたく感心して、クレメンタイン夫人に知らせた。船内の映画会も楽しみだった。チャーチルは大酒飲みであるばかりでなく、大食漢の美食家なのは前述した通りだ。

チャーチルはフランコニアで黒海を縦断し、ダーダネルス海峡を通過、エーゲ海、地中海経由でのマルタ島行きを望んでいたが、内紛が続いていたギリシャ視察が必要なのでこれを諦めた。ギリシャへの英国の影響力を留めておくことが、チャーチルにとって重要だったからだ。

チャーチルは、常に帝国主義者としての国際情勢把握と対処を考えていた。フランコニアを朝九時に下船し、車で悪路を三時間半かけてサキ空港に出た。

セバストポールのサキ空港からアテネまで空の旅となった。アテネ空港では、ギリシャ駐在のリーパー大使と、陸軍のスコビー将軍の出迎えを受け、その夜は英大使館で泊まった。昨年のクリスマスには市街戦があり、何百人もが死んだが、今は収まっていた。アテネ着の翌日、チャーチルはオープンカーで、五万人が集まっている広場に出向いた。演説草案を用意していなかったので、即席の演説を行った。

二月一五日の早朝、空路をエジプトに向け出発。

エジプトのアレキサンドリアでは、巡洋艦オーロラに乗艦し、ルーズベルトの乗艦クインシーがアレキサンドリアに入港するのを待った。米巡洋艦クインシーで両巨頭は会談、終了後は家族昼食会を開いた。チャーチル側は息子のランドルフ、次女のサラ、ルーズベルト側は娘のベッチンガー夫人アンナで、ホプキンスも同席した。会食が終ると、クインシーは米国に向け抜錨。

二月一九日、チャーチルは空路英国への帰途に就く。ノルトホルト空港は霧のため、リネハム空港に着陸。クレメンタイン夫人が出迎えていた。

ルーズベルト急死、ヒトラー自殺

三月初め、スカイマスター機でベルギー、オランダに飛び、ヒトラー統治ドイツ第三帝国の主要防衛線であったジーグフリード線を越えた。三月末には空軍ダコタ機でライン川に臨むモントゴメリー司令部を訪れ、この大河を英軍が渡るのを視察。

英国本土は戦場でなくなり、ドイツのV2号ロケットは三月二八日以降、ロンドンに落ちることはなくなった。

東方からドイツに進撃中のソ連軍は一月二七日、ポーランドにあったアウシュヴィッツのユダヤ人収容所を解放し、三月三〇日にダンチッヒを占領。太平洋方面では、マニラ、硫黄島が米軍の手に落ち、四月一日には沖縄に米軍が上陸した。第二次大戦の帰趨は明らかになっていた。

四月一二日、ルーズベルトが急死し、副大統領トルーマンが大統領に就任した。ルーズベルト死去（六三歳）の悲報がチャーチルの許に届いたのはこの日の真夜中過ぎだった。もっとも、この数ヵ月のルーズベルトの様子から見れば、多くの人々には予期されたことではあった。翌一四日に葬儀が行われるが、チャーチルは熟慮した結果、葬儀出席のためワシントンへ飛ぶことは断念した。

四月一七日、下院でルーズベルト大統領の追悼演説を行った。

四月二三日、ソ連軍がベルリンに突入、激しい戦闘となった。三〇日、ベルリンの首相官邸地下壕でヒトラー自殺。二日前にはムッソリーニがイタリアのパルチザンに殺され、愛人の死体と共に、街の広場で逆さ吊りにして晒されていた。

五月一日、官邸別館で夕食会の途中、ナチスのラジオが劇的な声明を伝えた。ヒトラーがベルリンの首相官邸で死去、デーニッツ提督が後継者になったとの放送である。夕食会の席上、チャーチルは「あのようにして死んだのは彼にとって本望であったと言わざるを得ない」とコメントした。

五月八日、チャーチルは下院でドイツの無条件降伏を伝え、その足でバッキンガム宮殿に向かい、午後五時過ぎジョージ六世夫妻、エリザベス王女（後の女王）、マーガレット王女と共にバルコニーに現れ、群衆の歓呼に迎えられた。

9　英国が格下げされたポツダム会談　一九四五年七月〜八月

トルーマン登場、原爆実験成功

対日戦は続いており、欧州も避難民、隔離キャンプ捕虜、瓦礫と化した都市と、混乱の極みにあった。戦後の欧州問題、対日戦問題等を協議するための三巨頭会談がベルリン近くのポツダムで開かれることとなった。何回もワシントンやモスクワに出向いているのにかかわらず、世界最大（当時）の都市にして、第二次大戦の最初からドイツと戦って勝った国の首都ロンドンで開かれないことがチャーチルは不愉快だった。情報によれば、トルーマンとスターリンが会談し、その後何日かしてからトルーマン、スターリンとの三者会談に招かれるとのこと。英国が格下げされているのも面白くなかった。

チャーチルが大きな顔をしていられたのはヤルタ会談までだった。英国は第二次大戦を通じて一一億ポンドの海外資産を全て失ったうえ、戦争開始時に七億六〇〇〇万ポンドだった負債は終戦時には三三億ポンドにまで膨れ上がっていた。そしてそのほとんどが米国からの負債だった。ちなみに、戦争勃発前年の一九三八年時点での国民総所得は四六億ポンドであった。

ポツダムに決まったのは、ベルリン近郊のポツダムが戦禍を受けていないことと、スターリンの都合もあった。スターリンはソ連から遠く離れるのを嫌い、事故、暗殺を恐れて飛行機に乗るのも偏執的に嫌っていた。ポツダム近くには、ドイツ軍国主義の始祖とされるフリードリヒ大王のサンスーシ宮殿もある。

英国下院の任期は五年間だが、戦時ということで延期されてきた。対ドイツ戦勝利で総選挙が行われることとなり、投票日は七月五日となった。海外には軍籍に入っている多数の軍人男女がいる。最終的な投票結果が出るのは三週間後の七月二六日まで待たなければならなかった。

巨頭会談の場所はポツダム郊外のセシリエンホフ宮殿となった。期間は七月一七日から八月二日まで。七月一六日、初めてチャーチルはトルーマンと会見した。

新大統領ハリー・Ｓ・トルーマンは、ミズーリ州で生まれ、高校卒業後は新聞社や銀行で働き、二一歳でミズーリ州の州兵に入隊。米国が第一次大戦に参戦した一九一七年、野戦砲兵学校に入校。その後欧州大陸で戦い、陸軍少佐で除隊した。戦後、小間物屋を営み、カンザスシティー法律学校に学んだ。ルーズベルトが大統領に就任した翌年の一九三四年に上院議員に当選し、一九四〇年に再選。ルーズベルトはトルーマンとは親しくなかったが、民主党内で副大統領候補に関して内紛があり、やむなくトルーマンを選んだと言われる。トルーマンは夫人エリザベスと小学校五年生から高校卒業まで同じ学校だった。貧しかったのでなかなか結婚できず、除隊後の一九一九年にようやく結婚した。トルーマン三五歳、エリザベス三四歳。一人娘のマーガレットは歌手として、また推理小説を書いたりした。

初めてトルーマンと会ったものの、外交経験がほとんどな

ポツダム会談
左からチャーチル、トルーマン、スターリン

いトルーマンをチャーチルはよく知らなかった。

翌一七日、スチムソン米陸軍長官と昼食を共にし、前日、ニューメキシコの砂漠で初の原子爆弾実験が成功したとの電報（Babies satisfactory born）があったことを告げられた。原爆が現実のものとなったのだ。

トルーマン

さらに翌日一八日には、トルーマンと昼食。トルーマンからも原爆実験成功を聞いた。チャーチルの頭には、これまで米国から購入した軍需品等の代金三〇億ポンドの負債のことが離れない。二人の間で対日戦は一八ヵ月以内に終わることで一致した。

七月二一日、ポツダムの街で連合軍戦勝行進を観閲。

七月二三日、イーデン外相、イズメイ戦時内閣事務局長、三軍参謀長の集まる会合で、原爆実験成功を伝えた。アランブルーク陸軍参謀総長は、チャーチルのはしゃぎ振りにうんざりしたことをその日の日記に記している。

総選挙に惨敗、チャーチルは首相の座を退く

チャーチルの最大の国内政治情勢関心は、七月五日の総選挙投票の結果が七月二六日に判明することだった。労働党は戦時中、よくチャーチルに協力し、保守党の一部がチャーチルに不信感を示した際にもチャーチルを支えた。にもかかわらず、平時になれば対立党である。選挙になると、チャーチルは労働党に対してナチスに対するような態度で臨んだ。ラジオ放送でも、労働党の言う社会主義政策は非英国的であって、全体主義と不可分なため、その政策遂行には

ゲシュタポのような政治警察がなければ実現できないと訴えた。労働党党首アトリーは、戦時中でこそ許されるチャーチルの権力が更に続くことを懸念して反発した。労働党の大部分、そして国民の大多数は保守党勝利を予想していたものの、結果は、労働党三九三議席、保守党二一三議席というもので、保守党が惨敗した。

このため、二七日にアトリーの労働党内閣が成立した。このような英国の政治状況変化のため、ポツダム会談の第一回はチャーチルが出席したが、第二回以降、英国を代表したのは新しい首相のアトリーである。

英国保守党惨敗の結果が判明した七月二六日、対日ポツダム宣言が発表された。

八月六日、広島に原爆が投下され、二日後の八月八日、ソ連は日ソ中立条約を一方的に破って対日宣戦し、満洲、千島に侵入を始める。更にその翌日の八月九日、長崎に原爆が投下された。原爆使用の決断を下したのは、大統領に就任して四ヵ月に満たないトルーマンだった。

再び首相に返り咲く

挂冠（辞任）してからのチャーチルは『第二次大戦回顧録』の執筆に励み、一九四八年に第一巻が出版された。七七歳でチャーチルが首相に帰り咲くのは、総選挙で保守党が勝利した一九五一年のことである。

『第二次大戦回顧録』全六巻の刊行が終わったのは一九五三年。この年、スターリンが亡くなり、チャーチルはノーベル文学賞を受賞。一九五五年に首相を辞任し、一九六四年には議員も辞職し、翌年一月二四日、九〇歳で逝去した。

どんよりと曇り、寒々としたロンドンの街を海軍砲車に乗せられた柩がセントポール寺院に向かった。臣下の葬儀には参加しない慣例にも拘らず、エリザベス女王臨席の下、葬儀が行われた。

九〇年のチャーチルの生涯は、大英帝国の衰退と崩壊の九〇年に重なっていた。前半の四〇年は大英帝国の衰退が意識され始めた時期であり、後半の五〇年は両次大戦を経て大英帝国の衰退は、もはや押し止められない流れの中にあった。

第7章　あまりにもお粗末な日本のリーダーシップ

1　明治憲法下では強いリーダーは生まれない

日本と同じ立憲君主国である英国のチャーチルがあのようなリーダーシップを発揮したのに対し、日本の指導者が指導力を発揮できなかったのはなぜか。チャーチル理解に供するため、当時の日本側の問題点を説明しておきたい。

太平洋戦争で悲惨な敗戦を迎えた日本は、この戦争から得た厳しい反省を今後の政策その他に活用する必要があることは言うまでもあるまい。その反省には、①大日本帝国憲法（明治憲法）には首相や責任内閣の規定がなく、各国務大臣は天皇に直結していて、首相といえども国務大臣の一人に過ぎず、各大臣への指揮命令権はなかったこと、②同憲法では、軍の作戦関係—いわゆる統帥権—が天皇に直結して、内閣が作戦関係を指導できない体制にあったこと、③陸海軍間の戦略を調整・統合する組織がなく、作戦面で合理的に一貫した作戦指導ができなかったこと、また、米英に較べ貧弱だった兵員（人）、軍需品（物）、予算（金）において、合理的・目的的に重点配分ができなかったこと、④最高戦争指導者に人を得なかったこと、が挙げられよう。

①と②に関しては、国家総力戦にもかかわらず、人、物、金という、戦さの基本を預る内閣が、いわゆる「統帥権の独立」で作戦関係（統帥事項）をリードできない、という問題であった。③に関しては、陸海軍を調整・統合する組織がなかったことが大きい。④については、昭和期になると、政治家への供給源の多くが軍人に狭められ、その軍人そのものが矮小化し、明治期のようなスケールの大きい人材に枯渇していたことが考えられる。

「リーダーは生来の資質から生れるもので、教育訓練から出来上るものではない（Leaders are born, not made）」との格言がある。学校成績や平時の勤務成績で評価された者が必ずしも戦時での傑出したリーダーとなり得ないことは、歴史に明らかである。ナポレオンは「戦争において重要なのは、人であって、人々ではない（リーダーの適否が戦勝を決することを強調したもの）」と言い、軍事評論家リデル・ハートは「平時において重要なのは、機構であって、人ではない」と言った。筆者は、「戦時においては、重要なのは多くの人々ではなく、戦争指導の中核を担う人（特に戦時宰相）である、と同時に、近代戦においては機構も重要となる」と言いたい。

人に関しては、戦時に才能を発揮した者を抜擢して、指揮官の地位に就けるしか方法はない。現実に英米軍―独軍でもそうだが―では、平時有能とされた指揮官が戦意不足として更迭され、戦意旺盛な者と代った例が如何に多いことか。日本軍ではこのような例はほとんどなく、指揮官の戦意不足に、後世の歴史家が歯ぎしりするケースに満ちている。

国家の最高責任者も同様で、何度も厳しい難関に遭遇するも、泰然自若として任務をやり遂げた者をその地位に就けるしか手はない。日本の例では、明治維新時の政治家がそうであろうし、戦国の武将もそうであった。チャーチルもその例にあてはまるだろう。成績優秀の高学歴者、高潔・謹厳・実直の人格者、仲間内で評判の良い温厚篤実な者が戦時宰相に適しているとは限らないし、むしろ逆である。英米では、第一次大戦で力量を発揮したチャーチルとかルーズベルトを第二次大戦の指導者に選んだ。二人は高潔・謹厳・実直・温厚篤実とは無縁の人だ。

この二人にとって、閣僚級の枢要な地位にあった第一次大戦での体験は、第二次大戦への予行演習のようなもので、国家総力戦に不可欠のものは何かを骨身に沁みて体験している。日本の戦時宰相東條英機は、第一次大戦時は大尉の中隊長級で、大戦指導とは全く関係のない立場にあり、この国家総力戦の実態を体験することはなかった。戦時宰相としての器が問われることはもちろんである。残念ながら、太平洋戦争時代の日本では、米英と較べ、前述の①、②、③とも、憲法上の欠陥があり、④にも遜色があったことを知らねばならない。

近代の総力戦・長期戦になれば政治戦・宣伝戦・謀略戦・心理戦・情報戦・経済戦となり、確固とした政治戦略が必要だ。また軍事においても、陸海空軍の戦略・戦術の効率的な集中・統合運用が不可欠である。にもかかわらず、日本は権力構造が分散し、政略・戦略・戦術の統合ができなかった。これは機構の問題でもあった。例えば、物資（鉄やアルミ）の配分案を巡って陸海軍が争うと、これをまとめる者や体制がない。結局パリチー（同量）にする以外にまとめようがない。陸海軍大臣や統帥部の両総長が軍政や作戦の統一のため議論・協議をする体制がなく、実際協議もしない。首相兼陸相の東條は真珠湾奇襲作戦を事後に知った。海軍関係には一指も触れられないから、海軍の実情を知り得ないだけでなく、陸軍の作戦関係（参謀本部が担当）からも、統帥部が天皇に直結する統帥権の独立によってシャットアウトされている。平時ならそれでもやむを得ないとしても、国家存亡の国運を賭す大戦争である。

統帥関係の作戦・戦術に関しても、陸海軍の統合作戦をまとめる体制も人もいない。米軍が陸軍機（ロッキードＰ38戦闘機やボーイングＢ17爆撃機など）と海軍機（グラマンＦ６Ｆ戦闘機など）あるいは海兵隊のコルセア近接地上攻撃機が日本内地や日本艦隊、日本陣地を攻めてくるのに対して、製造用アルミや鉄を同量得ている陸軍の飛行機は米軍とは太平洋で全く戦わない。ちなみに、山本五十六機を撃墜したのは陸軍のＰ38ロッキード戦闘機（双発双胴）を使用した海兵隊の航空隊であった。日本海軍の前線では、物資がパリチーなら戦さもパリチーでやれ、との声が高かったのは、当然と言えよう。

２　東條英機は宰相の器ではなかった

次に、英国や連合国間の戦略統合を図っていったチャーチルと東條英機を比較検討してみよう。首相になるまでの経歴、その後の長期的視野と戦略観、諸行動、人物像、両国の憲法の在り方など、対照的な両者の比較は有益であり、先の大戦の反省にとって必要であろうと考えるからだ。

大英人名事典（DNB; The Dictionary of National Biography）という英国が誇る大事典がある。

一九世紀以前に亡くなった人々を記した巻もあるが、二〇世紀に入ってからは一〇年ごとにその期間に没した人を収録して刊行されてきた（各巻一〇〇〇頁に及ぶ）。

この事典でチャーチルと東條英機がどう扱われているか。渡部昇一教授によれば、東條についての記述分量はチャーチルの九〇分の一だそうである。チャーチルは文筆家としてノーベル文学賞をもらったほどであり、東條は軍人経歴だけなのだから、分量だけの単純比較は適切ではないが、世界史的に見て、大戦時の日本首相が英国首相の九〇分の一の記述量にしか値しないことはないであろう、と渡部教授はコメントする。

チャーチルに関しては日本でも翻訳本をはじめ多くの図書が出版されているが、東條については寥々たるものだ。片や救国の英雄、片や敗戦の宰相となれば、評価が全く逆になるのは仕方ないことだが、東條と比較することによって、チャーチルの真骨頂が分ろうというものである（渡部昇一『文明の余韻―アングロサクソン文明ノート、渡部昇一エッセイ集』）。

東條英機の経歴

ここで東條英機の略歴を書いておく。チャーチル、ルーズベルト、スターリンとの対比を理解しやすくするため、西暦を使用した。

東條家は南部藩に仕える能役者の家であった。父英教は陸大一期を首席で卒業した。日露戦争では旅団長として出征。陸大の秀才も戦は下手だったようで、戦功を上げられず、戦争の最中に内地の予備旅団に移された。明らかな左遷である。当時は長州閥全盛期で、本人も息子英機も長州閥にやられたと思ったらしいが、そうでもあるまい。明治の陸軍は人材活用に柔軟で、長州関係者以外でも枢要の地位に就いた者は少なくない。一八八八年から三年間ドイツ留学し、陸軍中将昇進と同時に予備役に入った（中将に名誉進級）。狭量・狷介な性格が禍いしたらしいが、この性格は息子の英機に受け継がれているようだ。南部藩盛岡出身で「銭形平次取物帖」で知られる野村胡堂は、東大学生時代の南部藩同郷会で、帝大教授田中館愛橘博士（南部藩出身）の講演中、つまらないことで異議を唱え、つかみかからんばかりに持論を主張してやまない老退役中将東条英教を見ている（「胡堂百話」）。

東條英機は一八八四年一二月東京で生れた。チャーチルより一〇歳年下である。一六歳で陸軍幼年学校入学。以降、陸軍以外の経歴はない。一九〇四年陸軍士官学校に入学、翌年同校を卒業して少尉任官。中尉時代（二六歳）に勝子と結婚。息子三人、娘四人が生まれた。

チャーチルがサンドハーストの陸軍士官学校を三度受験してようやく合格したように、東條も三度受験を重ねて、一九一二年に二九歳で陸大入学。一九一五年に大尉に進級して歩兵三連隊の中隊長。同年陸大卒業。第一次大戦直後の一九一九年八月からスイスに留学駐在、翌年少佐進級。一九二一年七月ドイツ留学駐在となり、一九二二年一一月帰朝、三九歳だった。一九二八年三月陸軍省整備局動員課長。同年八月大佐進級（四五歳）。一九二九年八月歩兵第一連隊連隊長。一九三一年八月参謀本部編成動員課長。一九三三年三月少将に進級し、同年一一月陸軍省軍事調査部長。一九三四年三月陸軍士官学校幹事（副校長）、同年八月第二四旅団長。一九三五年九月関東軍憲兵隊司令官。一九三六年一二月中将進級。翌年三月関東軍参謀長。一九三八年五月陸軍次官。一九四〇年七月陸相（五七歳）。一九四一年一〇月一八日首相兼内相兼陸相に就任して大将に進級。一九四四年七月二二日予備役編入。一九四八年一二月刑死。

以上でわかるように、陸軍以外を知らぬ経歴であった。太平洋戦争中は、首相以外に次のような重要ポストを兼務している。

一九四一年一〇月～四四年七月まで、陸相兼務。

一九四一年一〇月～四二年二月、四二年一一月～四三年一月まで、内相兼務。

一九四三年一一月～四四年七月まで、軍需相兼務。

一九四四年二月～七月まで、参謀総長兼務。

このように兼務していては、事務処理に追われるのが精一杯で、長期的展望とか大局指導が無理なことは誰にもわかるだろう。

チャーチル、ルーズベルト、東條英機を比較すると、第一次大戦という国家総力戦を体験しているかどうかが大きく影響していると思われる。第一次大戦当時、チャーチルは海相、ルーズベルトは海軍次官。いずれも名門の資産家であって、その後の政治歴も豊富だ。対照的に東條は大尉の中隊長クラス。陸軍しか知らず、資産を持たないサラリーマンだった。

最初の国家総力戦で、飛行機、戦車、潜水艦が戦局に重大な影響を与えるようになった第一次大戦を海相、海軍次官として乗り切ったチャーチルとルーズベルトの体験は、後に首相、大統領として第二次大戦を乗り切るための予行演習といってもいいものだった。

日本は連合国の一員として、海軍はドイツ植民地のマリアナ諸島やマーシャル諸島方面、それに地中海方面に兵力を進出させ、陸軍もドイツ領青島攻略戦等を戦ったが、東條にとっては遠い外国での話だ。チャーチルは第一次大戦前後に軍需相、陸相・空相を兼務し、内相、蔵相の経験もある。ルーズベルトは、海軍次官の他、ニューヨーク州知事の経歴がある。この差は大きかった。

東條の人間像

多くの人々の東條評を総合すると、軍事官僚としては能吏であっても、性格は狭量・狷介であった。宴会嫌いで、酒を飲まず、女遊びもしない。酒は飲んでも小さな盃に二、三杯。一合の半分も飲めない。コーヒーは好きで毎日五、六杯は欠かさない。

連隊長時代（大佐）の東條を訪れたある新聞記者は、対談の席に夫人が加わることに奇異を感じた。東條の説明によれば、「日本の主婦は子供と台所のことに没頭して、ろくに新聞も読まないから、世間のことがさっぱりわからない。従って亭主と対等の話はできないから、東條家では来客があると、家内も一緒に聞かせるようにしている」と言った。その記者は、なかなか進歩的な軍人だと思った。多くの批判があった東條ではあるが、家庭に入れば春風駘蕩のよき親父だった、とその記者は言う。東條には、艶聞がなく、家族思いの愛妻家であった（高宮太平『昭和の将帥』）。

東條は、頭脳は犀利で、目前事項の処理には思慮周密で万事に遺漏がない。しかし大局とか長期的視野は不得意で、その余裕も関心も薄かった。戦時指導者として、有能な人材に思う存分腕を振わせて戦争を完遂するには狭量過ぎた。周辺に集まるのは東條の意に沿うのに汲々たる、阿諛迎合の三流人物ばかりだったという酷評もある。残念ながら、戦時宰相の器ではなかった。

東條の甥である山田玉哉（陸軍中佐）によれば、東條は公務、公務一本槍で趣味など一つもなかった。私生活において、諸事節約、贅沢は一切しない。食事等も特に質素で小食であった。無駄使いや間食等はほとんどしない。酒などは以ての外。物質的ゆとりはなく、財産等はほとんど持っていなかった。

東條が自分で創った言葉に「努力即権威」がある。寝ても覚めても努力、努力、早朝より深夜まで全力投球して公務に邁進する日々を重ね、陸軍のピラミッドを一歩一歩登ってきた。趣味等に時間を費やすことなど以ての外と、一般の趣味である囲碁、将棋、玉つき、麻雀、映画、演劇、寄席はもちろん、スポーツ鑑賞、ゴルフ、園芸等あらゆる趣味は時間的に公務を妨害するものとして自分の行動から締め出した。書の揮毫とか、絵画鑑賞をしたり、自ら絵筆をとることもなかった（上法快男編『東條英機』）。

東條の秘書官を長く務めた赤松貞雄（陸軍大佐）によれば、東條は誠実、尊皇の忠誠心に厚く、正直、真面目、正義感が強く、勤勉、人情に厚く、用意周到。これは長所なのだが、人間の幅と言うか余裕があまりにもなさ過ぎる。陸軍省報道部長を務めたこともある松村秀逸少将の言葉が興味深い。

「（東條の特長をいえば）一日のことは一日で片付けるのがモットーで、その日に起ったこと、思いついたことは、是が非でもその日のうちに必ず片付けるというのが信条。寝るときには懸案はない。何事も右か左かに無理にでも、はっきり割り切ってしまわねば承知できない性質である。人も敵か味方に分けないと気が済まない。小食、清潔、短時間の熟睡、というのがいつも口にしていた生活信条。几帳面で、下僚の言うことでも、一々手帖に書き留める。布製の粗末な水色の袋に鉛筆と小刀を入れていて、時間があると、鉛筆の芯を削っている。手帖は軍服の左右のポケットにそれぞれ一冊入れてあり、右の手帖は毎日のメモ用。左の手帖は一週間分のノートの要点を日曜に移し替える。カバンの中には自分で整理した表や資料がぎっしりと詰まっている。帰宅してからも、夜半まで資料の整理に没頭する」（上法快男編『最後の参謀総長　梅津美治郎』）

東條の秘書官を務めたこともある西浦進大佐は次のように言う。

「東條大臣の勉強はあまりにも有名である。私の秘書官時代は、総理大臣としての書類の他に、（兼務の陸相としての）陸軍関係の書類情報など厖大のものが集まる。これを私のところで随分思い切って整理をしても書類箱に一杯は必ずあった。これを夕食後、大臣の許に届けておくと、翌朝には必ず全部目を通して必要なものは処置方針を記入して返された。毎日少なくとも一二時近くまで勉強していたようである。政治家の訪問や宴会は避けていた。嫌いで宴会には出なかった。（陸相時代の）東條大臣はとにかく大変な勉強家であった。一般に東條大臣は各局長を同時に兼務できるといわれていた。（西浦の知る限り）陸軍省の局長会議の様子からしても、局長以上に各局の事をよく知っていた。少なくとも各課長を兼務した程度だった。中間報告をやかましく要求した。部下に対しても勉強を強いたが、自分もよく勉強した」（西浦進『昭和戦争史の証言』）

同じように、陸相秘書官を務めた井本熊男大佐によれば、月曜から土曜まで分刻みの行動がぎっしり詰まっている。兼務の陸相としての仕事だけでも、局長会議や決済書類が次から次へとあって、まるで戦場のような有様だった。それに、本務としての首相として、視察、弔問、重臣（総理経験者）との会談、天皇への奏上があり、そのうえ、一時は参謀総長まで兼務したから、それら業務も山のようにある。日曜は大抵、半日は私邸で過ごしたが、夕刻には必ず官邸に帰った（井本熊男『大東亜戦争作戦日誌』）。

海外出張時を除いて、チャーチルは金曜の夕から土日は別荘で過ごして英気を養ったことは前述した。ルーズベルトも時間のある時には一週間ぐらいワシントンを離れてハドソン川上流にあるハイドパークの私邸で寛いだ。

危険と重要な会談が待ち受けているにもかかわらず、チャーチルは海外に赴く時、夏休みが始まる小学生のように、嬉々としていたと伝えられる。余裕綽々なのである。

高松宮（海軍大佐）の情報収集役だった細川護貞（細川侯爵家の嫡男で近衛文麿前首相の女婿）の日記に次のような記述がある。

「東條首相は首相官邸に殆ど三〇分くらいしかおらず、軍需省、参謀本部を回って書類を決裁し、その他は巷（街の中）にある。平服で郊外電車に乗り、これを知った駅長の応対に満足したり、町を行軍している兵隊の指揮官少尉の対応に怒って『俺は陸軍大臣だ。貴様の所属をいえ』と怒鳴り、翌日その隊へ出向いて、その少尉と関係者を詰問する。町の住宅のゴミ箱を点検したり、火の見櫓に登ったりする。酒や宴会は嫌いで、官邸の日本間書斎で夜半まで、メモや書類の整理に没頭する」（『細川日記』昭和一九年五月一九日。この時期、東條は陸相、参謀総長、軍需相も兼務していた）

昭和一九年二月一七日、トラック諸島の日本中枢基地が米機動部隊の奇襲で大損害を受けた時の話を後から細川は聞いたのであろう。次のように日記に書いた。

「陸軍省の情報関係の課長が東条首相の決裁を貰うため、執務室に入ると、差し出す書類を見ず、大声で『不同意』と叫び、手にした鋏（ハサミ）を床上に投げつける。また側近者の談話だと、この一両日の東条の顔色は此の世の人と思えぬほど青ざめ、意気消沈していた」（『細川日記』昭和一九年六月二四日）

チャーチルと東條首相を較べてみて、戦争指導には強力なリーダーシップが発揮できる体制と、必要な資質を持つリーダーが不可欠なことが痛感される。チャーチルは、困難時にも余裕綽々で不敵な闘争心を燃やすタイプ。余裕がなければ冷静・正常な判断ができない。ルーズベルトも、軍事作戦関係は統合参謀長会議に委ね、議長リーヒ（海軍大将、後に元帥）から報告を聞く。統合参謀長会議内では激論が交わされるがルーズベルトの決断を仰ぐことは滅多にない。軍関係の政務はノックス海軍長官、スチムソン陸軍長官に委ね、英国やソ連のトップとの意思疎通には腹心のホプキンスを派遣する。東條のように、連日、毎日のように事務処理に追われることは考えられなかった。

東條は「上等兵」と揶揄された。命ぜられた書類や武器の保管は間違いなくきちんとやるが、それ以上のことはできないことを嗤ったものだ。前述の細川護貞は、昭和一九年一月一四日の日記に次のように書いた。「陸海軍の意見相違（中略）等を（高松宮に）言上。殿下には『東條首相のことを上等兵と呼ぶのは陸軍の通称のようだね』との仰せがありたるを以て『実に、その呼称は今日の政治を象徴するものの如く存じます』と申し上げ云々」。

石原莞爾陸軍中将は、戦後、米側検事に「閣下は東條と意見が対立したと言うではありませんか」と質問され、「そんなことはない。日本人にもそのような愚問を発する者がいるが、東條には思想も意見もない。私は若干の意見を持っている。意見・思想のない者と意見が対立するはずがないではないか」と答えている。この石原の反応は、東條の見識・思想のなさを風刺したものである。

もっとも、細川護貞は東條の政敵だった近衛文麿公爵と親交があり、東條に批判的であったことや、石原莞爾は東條と反目して公然と冷笑し嗤っていた人物であることに留意する必要がある。戦後の昭和二〇年九月一二日、細川は日記に書いた。「昨日、東條は、米兵に抑留されんとして拳銃自殺を図り、未遂。そのまま、米司令部に連行さる。傷つきたる後の談話といひ、人間の出来損ひなること明瞭なり。かかる馬鹿者に指導されたる日本は不幸なり」。

昭和一六年一月、東條陸相は「戦陣訓」を公布していた。その中に「生きて虜囚の辱めを受けず」の文言がある。優柔不断と称せられた近衛文麿公が服毒自殺して責任を取ったのに対し、東條の拳銃自殺未遂は多くの日本人を呆れさせた。狂言自殺（仕組んで偽った自殺）と見る国民は多かった。

東條は、官庁の下級役人ならば優秀な役人だったに違いない。反対に、チャーチルやルーズベルトは、役人になっても事務処理の優れた能力はなかったであろう。人には器というものがある。チャーチルは短い期間だった下級陸軍士官時代を除いて、生涯に亘って議員や閣僚であって直接的に上司に仕えたことはない。ルーズベルトはニューヨーク州議員、海軍次官、ニューヨーク州知事、大統領と、上司に仕えたのは海軍次官時代だけである。

3　明治憲法と英国憲法の違い

明治憲法の問題点

大日本帝国憲法（明治憲法）第一一条には「天皇ハ陸海軍を統帥ス」という条項があった。天皇は外交や内政に関して、国務大臣の輔弼《ほひつ》により、統帥関係は統帥部（参謀総長、軍令部総長）の輔翼《ほよく》により大権を行使し、国務と統帥は並列して互いに独立した存在だった。憲法には内閣や内閣総理大臣（首相）の規定はなかった。内閣が軍隊を指揮する規定もない。議会が軍隊を監督する条文もない。いわゆる「統帥権の独立」で政府が統帥（作戦）部門を主導できないのは近代戦では甚だ問題だった。東條もその遺言の中に痛恨の思いで、「日本における統帥権独立の問題は、近代戦においては間違いだったと思考する」と書いている。

国務大臣はそれぞれ天皇に直属していて、国務大臣の一人である首相は内閣を代表する一国務大臣として組閣を行うが、他の国務大臣に指示したり、総辞職以外に辞めさせることはできない。

大日本帝国憲法は、明治天皇から明治二二年に下賜された欽定憲法であって、「不磨（永久）の大典」視され、憲法改正の必要がある時には、「勅命ヲ以テ議案ヲ帝国議会ノ議ニ付スベシ」となっていた。勅命がなければ、議会で改正の議論もできない。

陸海軍が統合的に運用できなかった明治憲法はどのように作られたのか。明治維新後、新政府の基礎が固まり始めると、独裁者を嫌う日本人の本能が回帰し、強力なリーダーシップを発揮する者の出現を防ぐため、十重、二十重の枠を持つ次のような体制（憲法や軍体制など）が伊藤博文らによって作られていった。

（1）立法府の強力化を防ぐため、衆議院と貴族院の並列。
（2）内閣に並立するものとして枢密院（重大案件に関して天皇の諮問機関）の創設。
（3）内閣においては、前述したように、閣僚は首相と同列で、各閣僚は独立して天皇に直属し、天皇に対してのみ責任を持つ。憲法（明治憲法）には、内閣や内閣総理大臣の規定は作らなかった。独裁者の出現を恐れたためであった。従って、首相は内閣の代表的存在であっても、閣僚に命令できない。閣議決定は全員一致が必要。全員一致できなければ内閣総辞職しなければならない。天皇は、最後の元老西園寺公望が没して後は、政治相談役たる木戸幸一内大臣に諮って総理大臣を指名し（大命降下）、総理が内閣を組閣した。
（4）陸軍大臣と海軍大臣は並立。首相は陸海軍大臣に指揮・命令はできない。陸海軍大臣間に意見が一致しない場合、これを強力に調整する組織や人はいない。陸海軍を統合する兵部省や兵部卿（明治維新直後に存在した）といった官制は作らなかった。軍の独裁者の出現を防ぐためだ。
（5）軍政（人・物・金を扱う）責任者である陸海軍大臣と、軍令（作戦・用兵）責任者である参謀総長（陸軍）・軍令部総長（海軍）が並列。両総長は天皇に直結し、内閣からも、陸海軍大臣からも独立した存在であった。

戦時中、大本営参謀で、終戦後はソ連に長く抑留され、帰国後は伊藤忠商事副社長になった瀬島龍三は、「明治憲法下における日本のごとく、国家権力が分散牽制して集中統一性を欠いたものは（世界中で）少ないと確信している」と語っている（瀬島龍三『大東亜戦争の実態』）。

それでも、明治期には明治天皇は時に応じて御意思を表示されて内閣を適切に指導され、また諸元老が、その体験による経綸と迫力で政略・戦略・外交を総合・統合的にリードした。元老から見れば、明治中・後期の陸海軍指導者など小僧っ子だ。長州閥の頂点に立つ元老山県有朋の一喝に後輩である陸軍大臣など震え上った。山県や伊藤の発言には千鈞の重みがあった。

昭和期には、唯一の元老西園寺公望の希望・要望もあり、昭和天皇は英国式君主（君臨すれども統治せず）たらむ、とされ、御意思の表示は慎むよう心掛けられた（例外は二・二六事件時の断固たる御意思表示と、終戦の御聖断のみ）。西園寺が死ぬと、元老は誰もいなくなる。御意思は和歌に託されるか、裁可の時間を遅らすかで、暗に示されるだけである。英明な君主であられた昭和天皇のこのお考えが、結果として軍部をのさばらせたと見る歴史家は少なくない。

融通無碍の運用が可能な英国憲法

日本や米国の憲法は第一条、第二条……というように番号がついて明記されているが、英国は慣習法の国で成文憲法はない。例えば、上院の議席を持つ貴族は首相になれない、というのが現在の英国慣習法憲法だが、二〇世紀の初め頃まではそうでなかった。一九〇二年に三代目ソールズ侯が首相を引退し、その甥のバルフォアが後継首相になると、その後、上院の貴族が首相になれなくなった。そういうことが議決されたとか法律ができたからというものではない。自然とそうなってしまったのだ（渡部昇一『文明の余韻』）。

前述したが、チェンバレンが挂冠（辞任）する際の意中の人はハリファックス外相であったが、貴族で上院に議席を持っているからと辞退したため、チャーチルが首相の印綬を帯びたのは、かかる慣習法によるものであった。

英国の初代首相はロバート・ウォールポールと言われるが、成文憲法とか法律によって就任した訳ではない。国王の第一の大臣らしい働きをする人が首相的存在となって、その後続いたのが英国の慣習法による首相だ。

窮屈な首相就任要件とか首相の権限範囲といった法律はない。時代、時代に沿って、英国の国体（Constitution）に合う運営をされてきたのが英国慣習法憲法である。「不磨の大典」視されることなく、厳格な文言で記述されたものでないから、英国の長い伝統である国体に反しない限り、時代に即した融通無碍の運用が可能なのである。だから、チャーチルが事務局（少数のスタッフのみ）以外に誰も存在しない国防省を創設し、国防相を兼務して陸海空軍省を統括し、三軍参謀長を指揮する体制を創出することができたのである。

米国では、憲法上、大統領は国家元首、行政府の長、三軍の最高司令官と明記されているから簡明直截であるが、明治憲法には内閣の規定も内閣総理大臣の規定もなく、首相は国務大臣の一人にすぎず、軍の作戦指導（統帥権）にはタッチできなかった。明治憲法のがんじがらめの中で東條が悪戦苦闘したことを、チャーチルの場合と較べて見ることは有益であろう。

法が社会を律するのが法治国であるが、成文憲法を持たない英国では、国体に反しない限り、議会での議論を経て正当性を得た政治意思が認められる柔軟性がある。議会に確かな基盤を持つ首相が行使する権力にはほとんど制約がない。もちろんそれは、党内での信望、行政能力、世論、議会での論戦、選挙といった試練に耐えたものだけに許されるものである。強力な権力を振るったチャーチルも、対独戦勝利直後の一九四五年七月の選挙で敗れて首相の座を降りている。

英国に詳しい冨田浩司氏は次のように指摘する。「英国の制度では、権力の濫用に対して様々な歯止めを設けつつも、結局、政治は人が行うということを正面から受け止める仕組みを作っている。社会は法に規制されるものの、成文憲法を持たない英国では、議会での議論を経て正当性を得た政治的意思が法を超越する柔軟性が認められている。英国は、議会制民主主義、法治主義の母国であるが、本質的には『人治主義』の国であって、党内の信望、行政手腕、世論、議会での論戦、選挙で得た地位に由来する権力はほとんど制約がない」（冨田浩司『危機の指導者チャーチル』）。

大英帝国の統治システムを問われたある老政治家は、直ちに「それはシステムでなく、徹頭徹尾、人である」と応えたとの逸話がある（中西輝政『大英帝国衰亡史』）。

英国最大の哲学者デービッド・ヒュームの基本思想は「人間の理性は信頼するに足らない」であった。経験の積み重ねが、人間の知恵に他ならない、との思想が、英国の慣習法の基本である（渡部昇一『アングロサクソンと日本人』）。

明治憲法下の日本では、広田弘毅内閣の時代（一九三六年三月～三七年一月）、軍部に妥協して、「陸海軍の大臣と次官は、現役に限る」との勅令を出した。陸海軍大臣と次官を文民に指名することはおろか、予備役軍人すら任命できなくしたのだ。米英では、もちろんこんなことはなく、大統領や首相は自分の考える適任者を自由に任命できる。米国は厳密な三権分立の国ではあるが、大統領は、①国家元首、②行政府の長、③三軍の最高指揮官の立場により、強力な権限を発揮できることを忘れてはならない。チャーチルは実質的な行政府の長、三軍の最高指揮官としてリーダーシップを発揮し得た。日本においては、①、②、③を兼ね備えたのは天皇であって、現実的には、昭和天皇は英国国王の立場を参考にされ、国務は各国務大臣の輔弼、軍の作戦関係は統帥部の補翼に従われ、御自らこの大権を行使されなかった。東條英機首相の立場は①、②、③のいずれでもなく、太平洋戦争の主導に悪戦苦闘した。憲法が余りにも硬直化して実態に合わなくなるのは考えものだ。

４　陸海軍間の戦略・作戦の統一問題

陸海軍の統合運用ができなかった日本

東條首相は陸相を兼務し、一時は参謀総長も兼務したものの、海軍関係には一指も触れられなかった。陸海軍の軍務事項、統帥事項を統合する機関や人は誰もいなくて、太平洋戦争という近代戦に突入したのが日本。戦争戦略と政治戦略を統合し得る責任者がいないのである。

片倉衷陸軍少将は次のように言った。「東條総理は、戦時間、常に戦争指導の面において陸海軍の統合運用に悩み抜いて、自ら（陸相兼務のうえ）参謀総長まで兼務したが、陸海軍の統合はできなかった。終戦間近の昭和二〇年四月頃、東條邸を訪れた私に対し『陸海軍の統合問題こそは私の終生の悩みであった』と述懐された」（『東條英機』）。

井本熊男大佐も、その著書『大東亜戦争作戦日誌』で、次のように反省している。

「海軍は米国、陸軍はソ連を仮想敵国とする戦略であって、近代戦に不可欠な『一つの作戦目的に向って陸海空の戦力を統合発揮すべき』統合戦略の思想は全く萌芽しなかった。陸海軍の本当の考え方ないし、各重要段階における両軍の実情は、両軍中枢部においても、互いに知ることが出来なかった。（統合的情報交換の場や討議の場がなかったから）その後、戦況が不利になってからも、海軍がどのような実情にあるのか陸軍には分からなかった」。

大本営陸軍部（参謀本部）参謀だった瀬島龍三は、戦後、伊藤忠商事の副社長や会長になったが、第二臨時行政調査会（会長土光敏夫）の委員にもなり、その時参与となって瀬島を助けた知人からの質問に、ミッドウェー海戦で日本海軍の虎の子である航空艦隊が全滅したことを、「東條首相は知らなかったでしょうね」と言った。瀬島は大本営陸軍部参謀だったので、海軍部（軍令部）参謀から、「本当は洩らしてはいけない情報ですが、お立場もあるでしょうから、あなただけのお耳には入れておきます」と耳打ちされたと言う。しかし、瀬島は「海軍のことですからね。陸軍参謀本部の話でもない。あちらさん（海軍）にも面子があるでしょうし、敢えて上官に上げることもなかろう、自分の念頭に置いておけばいいと思った」と答えている。

この瀬島の知人は東條内閣で書記官長だった星野直樹も知っていた。「東條がミッドウェー海戦の敗戦を知ったのは、その二年後のサイパン陥落の直前だった」と星野がある集会で言ったのをこの知人は聞いている。東條は、終戦近くなって初めて星野から二年前のミッドウェーでの海軍の惨敗を聞き、「そうと分っていたら、フイリッピンにこだわったり、インパール作戦などやらなかったのだが」とうめいた。当時の陸海軍首脳部間で情報交換の場がなかったこと、日本軍不利の情報を上げるとすぐ顔色を変えて怒る東條の性格を知る下僚が東條を「裸の王様」にしていたことが知れる逸話である（新井喜美夫『転身瀬島龍三の「遺言」』）。

東條首相が海軍の戦力の実情を知らずして周到な戦争指導などできるはずがない。陸海軍間の戦略が統一されず、支離滅裂だった一例を挙げてみよう。

昭和一七年六月、ミッドウェー海戦に敗れて日米戦の潮目が変わった。東條はこれを知らなかった。ガダルカナル島の激戦も好転せず、甚大な損害を受けて昭和一七年末にはガダルカナル島からの撤退が決定された。翌年の昭和一八年一月には、ニューギニア・ブナの日本守備隊が米陸軍の攻撃により潰滅。四月には山本五十六長官がソロモン上空で戦死。五月にはアッツ島の日本軍が玉砕。一一月二四日、二五日にはギルバート諸島のマキン島、タラワ島の日本軍守備隊が全滅。

このような、対米陸戦の悲報が相次ぐ中、昭和一八年一一月三〇日、昭和天皇は、参謀や高級将校を育成する陸軍大学校卒業式に行啓された。その帰途、侍従武官長に、「日米戦争苛烈な今日、依然として対ソ戦教育をしているのはどうなのか」と御下問があった。陸軍大学校ではこの御指摘に驚き、ようやく対米戦教育に切り替えられた（杉田一次『情報なき戦争指導』）。

陸軍大学校で、対米英戦の戦術研究と教育が始められたのは天皇の御下問の後であった。島嶼防衛で敗戦が続いて後も、陸軍大学校では、対ソ戦戦術教育一本槍で、天皇の御下問がなければ、干戈を交えていない中立国ソ連との対ソ戦の戦術教育を続けていたであろう。現実に、米軍相手に手痛い敗戦が続いているにも拘わらず、対米陸戦に無関心であったのが日本陸軍である（上法快男編『陸軍大学校』）。

この天皇の御下問こそ、日本陸海軍の戦略統合のなさの象徴とも言えよう。日本海軍の仮想敵は米国、日本陸軍の仮想敵はソ連であった。国力と兵力に優る米ソ両国を相手に干戈を交えても勝てるはずがない。現実にソ連とは中立条約を結び、米国と戦争になっているのだから、陸軍としても、対米陸戦研究と教育に全力を尽くすべきは当然であったのだが、それが昭和の陸軍にはできなかったのだ。

陸海軍が対立抗争するようでは戦さはできない

人、物、金の資源をどう陸海軍に配分するか。これが総力戦において極めて重要なことは言を俟たない。昭和一八年一一月、効率的軍需製品生産化と配分のため軍需省が創設された。最重要部門は航空兵器総局である。航空兵器総局長官遠藤三郎陸軍中将は、後に次のように述懐した。

「とにかく、飛行機が足らん。航空要員並びに飛行機の増産をやれ、ということになった。全て欠陥だらけ。一番大きな欠陥は陸海軍のけんかですわ」。「三菱重工と中島飛行機は、陸海軍両方の飛行機を作っているが、その同じ会社で、陸軍機を作っている技師と、海軍機を研究している技師の交流を許さんのです。もう絶対です」。「同じ会社でニッケルが余っていても、陸軍が世話したものなら、海軍が必要としても渡さない」。「陸軍が世話した機械なら、海軍機を製造している部門には入れない。駅構内で赤錆になっている」。「陸軍でも海軍でも、使える飛行機が完成すると、武装の兵士が互いに取りに行く。血を流さんばかりの争いだった」（宮武剛『将軍の遺言―遠藤三郎日記―』）

昭和一九年一月、航空機生産のための資材配分問題が生じた。日米戦争が酣《たけなわ》となり、航空機の増産は必須事項である。乏しい鉄やアルミを陸海軍機生産にどう配分するか。大戦の主戦場は太平洋であって、主役は海軍航空機であるにもかかわらず、双方を調整する者がいないし、双方が互いに引かないので、最後は同量（パリチー）とならざるを得ない。この決定は、実際に毎日米軍と戦っている海軍前線に甚大な怒りをもたらした。太平洋方面では陸軍航空機は動いておらず、航空機生産がパリチーなら戦もパリチーでやれ、という声が起こるのは当然だった。米陸軍はＢ17、Ｂ24といった爆撃機やＰ38戦闘機等を太平洋で活躍させているのに、わが陸軍機が上空を飛ぶのを見ない。

山本五十六長官戦死後、後任の連合艦隊司令長官になった古賀峯一大将は、昭和一九年二月九日、一時帰国し、その東京自宅を訪れた高木惣吉少将と会った。高木はこの直前に、航空機製造資材の配分が、すったもんだの末、パリチー（同量）で決着をつけざるを得なかったのを考え、これが前線の部隊に伝わったらと想像するだけで、膚に粟を生ずる気がしていた。古賀は高木に言った。「海軍機は、ラバウル、ソロモン方面で米軍機の一〇分の一で戦っていて、部下にこれ以上のことは要求できぬ。資材パリチーなら戦さもパリチーでやれ、という声さえ自分の耳に入る。トラック基地に驚くばかりの飛行機が並べてあったから、場所ふさぎだと叱ったら、陸軍機だから手がつけられぬと言う。（役に立たず、場所を取るので）分解して内地に送還した」。陸海軍の対立に前線最高司令官の古賀は、いたたまれない気持であっただろう。

特攻の生みの親とも言われる大西瀧治郎海軍中将は、陸海軍航空機生産を担当する軍需省航空機総局総務局長（長官は前述の遠藤三郎陸軍中将）も務めたが、「我が海軍は全力を以て我が陸軍と戦い、その余力で以て米軍と戦っている」と嘆いたと伝えられる（軍事史学会編『第二次大戦（二）』）。

昭和一八年一月、東條首相と朝日新聞記者当時から懇意だった高宮太平は、首相官邸日本間で東條と会った。当時、首相官邸ですら、ストーブで焚く石炭に乏しかった。東條は古封筒に庭で散った松葉を詰めたものを燃やして「結構、これで温かいだろう」と言う。「総理がこんなことに頭を使うより、戦局挽回の方にもっと頭を使って欲しいですね」と言うと、「海軍とうまくいかないんだ。陸海軍が対立抗争するようでは戦さはできない。上の方では話がついても、下に行くほどこんがらがる。どうも、手がつけられない」とこぼした。

陸海軍がケンカばかりしていることは、一般庶民も知っていた。当時、医学生で後に小説家となった山田風太郎は、サイパン玉砕後の昭和一八年七月一八日の日記に次のように記した。「下宿のおばさんが、『どうやら、サイパンが玉砕したらしいですわ。女子供は豪州に送られたっていいますよ』と言う。頭に一撃を受けた思いである。『陸海軍が全然背中合わせなんですって！　ケンカばかりしているんですって！』と腹の底から怒りにたえぬかのごとく叫ぶ」（山田風太郎『戦中派虫けら日記』）。

研究・技術開発でも陸海軍はバラバラ

技術開発部門でも陸海軍の対立は目に余るものがあった。バトル・オブ・ブリテンの英空軍勝利は、レーダーによって独軍機来襲を前もって探知し、邀撃機を迅速に上空に配置して迎え撃ったことが大きかった。このレーダーの基本技術は、東北帝大工学部教授八木秀次が発明した指向性アンテナ（電波を集中的に発射し、集中的に受信出来るアンテナ）であって、英軍はこれをヤギ（Yagi）と呼んだ。数組のヤギを備えた装置が電気操作によって回転し、敵飛行機から反射した電波を捉える仕組みである。レーダー（radar）とは、Radio Detection and Ranging（電波による探知と距離測定）から作った名称だ。八木は東北帝大工学部で多くの業績（特に電波関係）を残し、大阪帝大理学部物理学科創設にも関わり、東京工大学長にもなった。

戦時中、八木は、科学技術審議会（昭和一七年一二月発足）の第三部会長（電気・電波関係の技術開発に関して審議と答申を行う）に任命された。昭和一八年秋のある日、科学技術審議会に東條首相が珍しく姿を現し、一席の訓示をした。何事にも、事の本質をずばりと言って憚らない八木は、東條に「私は、陸軍の研究部門に関係しているが、海軍との非能率的ないがみ合いには呆れている。陸海軍対立の現状は改めよう、と率直に国民にも知らせなければ陸海軍の非協力はなくならない」と訴えた。東條は途端に不機嫌になり、「陸海軍間に多少の行き違いがあったとしても、それを国民に知らせていたら、国民をして陸海軍の陛下に対する忠誠心にわずかでも疑いを持たせることになる。それでは陸海軍に対する国民の信頼を損なうことになる」と、電波関係権威者として知られた八木に対して一喝こそできなかったものの、上官が部下を叱るように応えた。八木は、東條が一部で言われているような独裁者でも何でもないと思った。独裁者が持っているべきある種の度量も貫禄もない。能吏ではあるが政治家ではなく、ましてや、宰相の器でもない。

陸海軍は、まるで客が売れっ妓芸者を取り合っているように目ぼしい科学者を奪い合っている。八木は、昭和一九年一二月、内閣技術院（昭和一七年一月創設）総裁になった。技術の標準化をやろうとしても、海軍と陸軍では用語からして違った。レーダーを海軍では「電波探信儀」と呼び、陸軍は「電波探知機」と呼ぶ。八木は、陸海軍の角突き合いの激しさにほとほと呆れた。やがて八木は、陸海軍も悪いが、もっと悪いのは、陸海軍を統轄する権力が不在だという日本独特の統治機構にある、と考えるようになった。先進国は皆、政府が陸海軍の上に立って、その政策の下に陸海軍を動かす。大統領や首相が最高司令官を兼ねている。ところが日本では、軍は統帥権の名の下に陛下に直結し、軍の行動について政府の介入を許さない。政府が陸海軍を指導する権限を持たずして、どうして戦争を指導できるのか。陛下が直接に軍を指揮なさるのなら統帥権にも意味があろうが、陛下は立憲代議制を重んじて、軍を御自ら指揮されることはなされない。

日本では、陸軍と海軍を統一指揮する強力な政府がなかったから、電探（レーダー）も原爆も陸海軍がそれぞれ別個に着想して研究した。そのいずれも、結果は軍の玩具に過ぎないまま終わった。英国のレーダー開発も、米国のレーダーと原爆の開発も、主導したのは科学者と政府だった。軍は開発の管理をしただけで、主役ではなかった。

八木は昭和二〇年一月、天皇に御進講した。当時の日本がいかに電波科学者に期待していたかが反映されたものであった。御進講後、天皇から特に御質問はなかった。質問すると進講者が答えられぬことがあるのを考えられての御配慮であった。君主として賢明すぎる昭和天皇の自制心と優しさが統帥権などという権力に似つかわしからぬことだと八木は痛感した。

八木は思った。政府が陸海軍を指導する権限を持たずに、どうして戦争を指導できるのか。軍を指導する権限のない政府など政府でない。二つの同格の組織（陸海軍）がある時には、それより上位にあり、それらを実質的に統轄する主体があるのが組織というものの常識ではないか。

大本営陸軍部の「機密作戦日誌」の昭和二〇年一月一八日には、「八木博士の言によれば、技術に関し、陸海軍の対立激化し、技術の進歩を疎外しありとの事なるも如何」との記述がある。八木の御進講後、天皇は、技術開発に関する陸海軍の対立を憂慮され、侍従武官長に問いただされたのかも知れない。もし、そうだとすれば、陸海軍は「そのようなことはございません」と奉答したに違いあるまい。陸海軍の対立は病膏肓《やまいこうこう》（不治）に入っていた。

5　指導力のない軍首脳部

前述の『細川日記』には、高松宮海軍大佐の次のような言葉がある。

「陸海軍の一致がうまくゆかない。唯、表面的にいい加減な所で妥協するため、中途半端な作戦しか行はない。最高首脳会談等では、下の方でいい加減な妥協して出来上ったものを形式的に会議するだけで、真剣な議論等は全く行はれない。斯くしては我国の前途は実に危い」。

太平洋戦争中の陸海軍首脳部の動きを見ると、明治の将軍や提督と較べ、同じ民族かと疑うほど見識とか迫力が格段に低下していた。海軍省教育局長等を歴任した高木惣吉少将は次のように、軍首脳・政治家の見識、行動力不足や、最高戦争指導会議の実態を嘆いている。チャーチルやルーズベルトの指導力、彼らを補佐した軍首脳陣の実態を知れば知るほど、高木の嘆きの通りだったと頷《うなづ》くばかりだ。

「太平洋戦争を通じて痛感されるのは、戦争指導の最高責任の衝に立った政治家、軍人達の無為、無策であり、無感覚であったことである。彼らの構想力の欠乏、政治的バイタリティーの絶無であったことは、唯浩嘆の外はない。彼らは思索せず、読書せず、上級者になるに従って反駁する人もなく、批判を受ける機会もなく、式場の御神体となり、権威の偶像となって温室の裡に保護された」(高木惣吉『太平洋戦争』)

杉山元・参謀総長も永野修身・軍令部総長も、下僚の言うままに動くロボットだったことは否めない。自身の思索と行動によって戦局を動かそうとするバイタリティーがなかった。二人とも、軍のピラミッドを上って行くにつれ、精力を徐々に消耗させ、かつての駿馬も老いては駑馬に劣る、となった典型であった。英米の軍首脳と較べ、その相違に唯々呆れるばかりである。

杉山参謀総長は「便所のドア」と酷評された。下僚が押す方向にどちらにでも動くからだ。石原莞爾の言葉に「下僚が方針を定め、上官が細部(文章の若干修正等)を修正する」というのがある。戦国時代の武将は、上杉謙信、武田信玄、織田信長、豊臣秀吉を出すまでもなく、万事、自分で専断し、下僚に頼ることは微塵もなかった。明治の山縣有朋にしろ山本権兵衛にせよ、その判断・言動には千鈞の重みがあった。

永野軍令部総長は「課長級がよく勉強しているので、俺は文句ないよ」と言って判を押す。会議での居眠りは有名だった。米潜水艦の跳梁に困窮して、昭和一八年一一月、泥縄同然に創設された海上護衛総隊司令部の及川古志郎大将は、執務室に特製書見台を据え、悠々と支那古典等を耽読する日々であった。海上輸送路が切断される緊急事態に「我関せず」とばかり、毎日を悠然と過し、対策遂行にエネルギーを注ぐ気配は全くなかった。「及川司令官は、海軍随一の学者で、レーダーがなければ護衛はできないことも、護衛艦艇の必要なこと、航路選定の肝要なこと、護衛法の必要なこと、みな先刻ご承知だったが、大臣や総長や造船所や軍需省を駆け回って所要の兵器や資材、艦艇をかき集める政治的バイタリティーはゼロだった」と高木惣吉少将は嘆く。米海軍トップの合衆国艦隊司令長官兼海軍作戦部長キングが対Uボート戦を専門とする第一〇艦隊を大西洋艦隊の下部組織として創設し、自らこの艦隊司令官も兼務のうえ、対Uボート戦遂行に率先したエネルギーと比べると浩嘆の限りである。

及川は、第二次大戦勃発後の昭和一五年九月に海相に就任し、何の見識も示さず、米内光政海相、山本五十六次官、井上成美軍務局長が猛反対を続けてきた日独伊三国同盟調印をあっさり承認した。戦争末期の昭和一九年八月には海軍作戦指導トップの軍令部総長になったが、形勢悪化を挽回するための見識も行動力も皆無であった。中堅下僚が扱いやすい上官を好み、上官をロボット化して自分達の思うように陸海軍上層部を操った罪は重いが、この大戦争をどのように指揮して戦勝に導くかの思想・見識・実行力もなく、下僚を統御できなかった参謀総長や軍令部総長の罪がさらに重いのは言うまでもない。及川の功績を敢えて言うならば、盛岡中学時代、二年下の石川啄木に文学を目覚めさせたことくらいだろうか。

軍事評論家伊藤正徳によれば、三宅坂の陸海軍集会所を本拠とした「土曜会」が、開戦と同時に設けられ、土曜日を定時会合日とし、そこで陸海軍の思想調整と作戦協定の基本を作ったとのことである。メンバーは、参謀本部、陸軍省、軍令部、海軍省の課長級（大佐級）。開戦勃発後の泥縄的に作られた組織で、権限のない課長級では当たり障りのない事務連絡以上のものが出てくるはずもなかった（伊藤正徳『帝国陸軍の最後　進攻篇』）。

米軍トップによる統合参謀長会議（定例会議は水曜日）は、議長リーヒ、参謀総長マーシャル、合衆国艦隊司令長官兼海軍作戦部長キング、陸軍航空隊司令官アーノルドの四人で構成して軍事作戦問題を決定したが、この会議に下僚は一切出席させなかった。この四人は自ら判断し、下僚に頼ることは一切なかった。リーヒは大統領との連絡役に徹し、アーノルドは無条件にマーシャルに従う態度を取ったので、実質はマーシャルとキングがこの会議をリードした。英国の参謀長会議も下僚は参加させていない。

高木惣吉少将は、日本の最高戦争指導会議の実態について、次のように痛憤する。

「作戦指導の思想的食い違いがあったうえに、統帥首脳（参謀本部と軍令部の両総長）の日々の仕事ぶりは、後世までの笑い草であった。毎朝、毎朝、長々しい事務的戦況報告や形式的会議に貴重な時間を空費しながら、春風駘蕩、あたかも外国の戦略でも研究している姿であった。いわゆる、国務（外交や内政）と統帥（作戦計画やその命令）の具体的調節、陸海軍の兵力、戦場、時機、方針の決定等については、根本的な焦眉の大問題が山と積る程、積っていた。ところが、サイパン（マリアナ諸島の日本防衛の要衝）を取られても、レイテ（フィリピン）が駄目になっても、マニラに米軍が入城しても、沖縄が怪しくなって来ても、わが大本営の最高首脳達は何の反応も示さなかった。最高戦争指導会議の諸公は、艀《はしけ》人夫の加配米の量を研究したり、下関釜山連絡船に貨車積み込みが出来るかどうかを検討したりして、日々を送っていた。沖縄に最後の運命をかけるというようなことも、参謀本部、陸軍省、軍令部あたりの逆上した下僚達によって方向づけられ、本土決戦、沖縄放棄の声は滔々と勢いをなして防ぎ止どむる、すべもなかった」（高木惣吉『終戦覚書』）

陸軍と海軍では、作戦に対する考え方が違っていた。この二つの統帥部（参謀本部と軍令部）の考えの違いを調整し、統合することは憲法上、天皇以外に誰もできない。軍首脳部が真剣に議論に参加できるのは鮃人夫にどのくらい米を多く配給してやれるかぐらいなのだ。高木少将によれば、最高戦争指導会議のメンバーは老人クラブの茶飲み話程度の話しかしていなかった。

また、高木は次のようにも言う。「大臣、総長の日課を聞くと、戦況報告に午前の大半を潰し、枝葉末節に関する会議に明け暮れている。東條首相も気に入らぬ諫言をする勇士はニューギニア、硫黄島、比島に追い出しながら、東條本人は米軍の空襲や爆弾の落ちる地域には出ない。嶋田繁太郎海相の如きは神社参拝と内地工場施設視察の他、戦線を見舞った例を知らない」。

太平洋戦争の天王山となったガダルカナル戦で、参謀本部は総長、次長、作戦部長はおろか作戦課長すら現地情勢視察に出さず、一中佐（辻政信）を派遣して事足れり、とした。ルーズベルトは、ポリオ（小児麻痺）の後遺症で身体不自由なのでやむを得ないが、米軍トップ層は最前線に出向いて将兵を激励し、実態を自分の目で把握しようとした。チャーチルは老齢にもかかわらず、前線はもちろん、戦略統合のため、国際間を東奔西走して奮闘したことを忘れてはならない。

チャーチル関係年表

一八七二年一二月	岩倉視察団（岩倉具視特命全権大使の他、木戸孝允、大久保利通、伊藤博文他）ビクトリア女王に謁見。
一八七四年	一一月三〇日に誕生。
一八八六年（一二歳）	父ランドルフ、蔵相に就任するも、首相と対立して六ヵ月で退任。
一八八八年（一四歳）	四月、ハロー校入学。
一八九三年（一九歳）	サンドハーストの陸軍士官学校入学。
一八九四年（二〇歳）	陸軍士官学校卒業。この年八月、日清戦争勃発。
一八九五年（二一歳）	一一月、休暇を利用してキューバ内乱の最前線を視察。
一八九七年（二三歳）	九月、インド西北部国境の暴徒鎮圧作戦のアラカンド野戦軍の一員として従軍。
一八九八年（二四歳）	アフリカのスーダン遠征軍に従軍。
一八九九年（二五歳）	四月、陸軍退官。七月、下院選挙に立候補し、落選。 一〇月、南アフリカボーア戦争にモーニング・ポスト紙特派員として従軍。 一一月、捕虜になったが、一二月に脱走して生還。
一九〇〇年（二六歳）	一〇月、保守党員として下院に初当選。同じ一〇月、夏目漱石英国留学のためロンドン着、一九〇二年まで滞在。
一九〇一年（二七歳）	二月、議会で初演説。
一九〇二年（二八歳）	一月、日英同盟（ソールスベリ内閣）
一九〇四年（三〇歳）	五月、自由党に鞍替え（一九二三年に保守党に復党）。 この年二月、日露戦争勃発。
一九〇五年（三一歳）	一二月、バナマン自由党内閣で植民地相次官。この年九月、日露講和条約。

一九〇八年（三四歳）	四月、アスキス内閣の商務相。九月、クレメンタインと結婚。
一九一〇年（三六歳）	二月、総選挙で当選後、内相。炭鉱ストを軍隊派遣で収拾。
一九一一年（三七歳）	一〇月、海相。海軍参謀本部を創設。
一九一二年（三八歳）	四月、タイタニック号処女航海でニューファンドランド沖にて遭難。
一九一四年（四〇歳）	八月、第一次大戦勃発。
一九一五年（四一歳）	主導したダーダネルス作戦が三月に大敗し、五月、海相を罷免される。一一月にフランスの前線に陸軍少佐として赴任。翌年五月まで塹壕戦を体験。
一九一七年（四三歳）	七月、ロイドジョージ内閣の軍需相。 ロシア革命が勃発しこの年七月、レーニンソビエト政府組織樹立。
一九一八年（四四歳）	一一月、第一次大戦終戦。
一九一九年（四五歳）	一月、陸相兼空相。
一九二一年（四七歳）	二月、植民地相として中東政策を推進。この年一二月、ワシントン海軍軍縮会議で、日英米仏四ヵ国条約調印と同時に日英同盟破棄。
一九二二年（四八歳）	一〇月の総選挙で落選し、植民地相を退く。 この年四月、スターリン、党中央委員会書記長になる。
一九二三年（四九歳）	四月、『第一次大戦回顧録（「世界の危機」）』第一巻 （全六巻で一九三一年に完結）
一九二四年（五〇歳）	二月、自由党を離脱。総選挙で落選。一〇月、補欠選挙で当選。 一一月、ボールドウイン保守党内閣で蔵相。この年一月、レーニン没。
一九二九年（五五歳）	総選挙で労働党政権誕生し、大臣辞任。不遇時代一〇年間が始まる。 この年一〇月、ニューヨーク株式市場大暴落。
一九三〇年（五六歳）	四月、補助艦について日本は米英の七割でロンドン海軍条約調印。
一九三三年（五九歳）	一月、ヒトラー内閣成立。三月、ルーズベルト、大統領に就任。

一九三四年(六〇歳)	ヒトラー、総統になる。
一九三五年(六一歳)	三月、ドイツ再軍備宣言。
一九三七年(六三歳)	三月、ルーズベルト二期目の大統領就任。六月、スターリン、赤軍上層部の大規模粛清。
一九三八年(六四歳)	九月、ミュンヘン会談(英仏独伊)。チェコのズデーデン地方をドイツに割譲決議。チャーチル、チェンバレンの対独宥和政策を批判。
一九三九年(六五歳)	八月、独ソ不可侵条約。九月、第二次大戦勃発。九月、海相に就任。
一九四〇年(六六歳)	五月、チェンバレン首相辞任により首相に就任。国防相を兼務。 九月、日独伊三国同盟。
一九四一年(六七歳)	三月、ルーズベルト三期目の大統領就任。四月、日ソ中立条約。六月、独ソ戦勃発。八月、米英首脳による大西洋憲章発表。一二月、日米開戦。
一九四五年(七一歳)	七月、総選挙で保守党大敗。アトリー労働党政権の誕生と共に首相を退く。 この年、四月、ヒトラー自殺。八月、日本降伏。
一九四六年(七二歳)	米国ミズーリー州フルトンで「鉄のカーテン」演説。
一九四八年(七四歳)	『第二次大戦回顧録』第一巻出版。
一九五〇年(八六歳)	六月、朝鮮戦争勃発。
一九五一年(七七歳)	総選挙で保守党が勝利し、首相に帰り咲く。
一九五三年(七九歳)	『第二次大戦回顧録』でノーベル文学賞受賞。
一九五五年(八一歳)	首相辞任。
一九六四年(九〇歳)	議員辞職。
一九六五年(九〇歳)	一月二四日逝去。享年九〇。

参考文献

■チャーチル関係

The Second World War, Vol. I~VI, by Winston S. Churchill, Houghton Mifflin Company Boston, 1953.（チャーチルの『第二次大戦回顧録』として有名）

The Memories of General the Lord Ismay, Lord Ismay ,London,1960.

（イズメイ戦時内閣事務局長の回想録）

George C. Marshall: Organizer of Victory , 1943-1945, by Forrest C. Pogue, The Viking Press, 1973.

（チャーチルが「勝利への組織者」として高く評価した米陸軍参謀総長マーシャルの戦時中の活躍が詳しい）

The War Lords: Military Commander of the Twentieth Century,edited by Field Marshal Sir Michael Carver, Little, Brown and Company, 1976.

（二〇世紀の世界の著名軍人の略伝。英軍令部長のカンニンガムの略伝あり。山本五十六の略伝もある）

Clementine Churchill ,by her daughter Mary Soames, Penguin Books 1981.

（チャーチルの妻クレメンタインについて、娘メリーによるもの）

A Concise Dictionary of Military Biography, by Martin Windrow and Francis K. Mason, Windrow & Greene Ltd. 1990.

Churchill: A Life, by Martin Gilbert, Minerva Paperback, 1991.

My Early Life: 1874 -1908, by Winston S. Churchill, FONTANA/ Collins, 1985.
（チャーチルの前半生の自叙伝）

Dreadnought: Britain, Germany. and the coming of the Great War,by Robert K. Massie, Random House, 1991.
（第一次大戦前の英独関係を詳述したもの）

Men of War: Great Naval Captains of World War II, edited by Stephen Howarth , 1992, St. Martin's Press, 1992.
（第二次大戦中の海軍提督の略伝集で、ダッドリー・パウンド英軍令部長の略伝あり。山本五十六の項もある）

Churchill goes to war: Winston's wartime journeys, by Brian Lavery, US Naval Inst. Press, 2007.
（第二次大戦中のチャーチルの東奔西走の様子がよくわかる）

※地下壕内のチャーチルの戦争指導室については次の資料を参考にした。

Imperial War Museums の Guide Book の一つである「Churchill War Room」,IWM. Org.UK.

※統合参謀長会議関連については次の三書を参照した。

The Chiefs: The story of United Kingdom Chiefs of Staff, by Bill Jackson and Dwin Bramall, Brassey's (UK), 1992.
（ロイドジョージ首相の第一次大戦時のリーダーシップや英軍の統合参謀長会議の歴史を知るに必読の書）

The History of the Joint Chiefs of Staff in World War Ⅱ: The War against Japan, by Grace Person Hayes, Naval Inst. Press, 1982.

（米軍の統合参謀長会議の歴史等を知るのに参考になる）

The Joint Staff Officer's Guide, US Government Printing Office, 1980.

（米軍統合参謀学校 The Armed Forces Staff College のテキスト。三軍を統合して運用する統合軍の参謀養成のためのテキストであって、三軍の歴史や特徴を述べ、統合軍参謀のあるべき資質を記述している）

『チャーチル伝』L・ブロード、松原弘雄・山田純訳、恒文社、一九六五年。

『チャーチル名言集』コーリン・R・クート編、天野亮一訳、原書房、一九六五年。

『チャーチル（人物現代史4）』大森実、講談社、一九七八年（スターリンの執務室の記述あり）。

『スターリン（人物現代史3）』大森実、講談社、一九七八年。

『チャーチル』河合秀和、中公新書、一九七九年。

『加瀬俊一回顧録（上・下）』加瀬俊一、山手書房、一九八六年。

（ロンドン大使館勤務時代のチャーチルのエピソードや、松岡洋右外相秘書官としてモスクワで日ソ中立条約締結時のスターリンのエピソードなど興味深い）。

『アングロサクソンと日本人』渡部昇一、新潮選書、一九八七年。

『文明の余韻―アングロサクソン文明ノート（渡部昇一、エッセイ集）』渡部昇一、大修館書店、一九九〇年。（英国の政治的文化・伝統のエッセンスを知るのに好書）

『ダウニング街日記―首相チャーチルのかたわらで（上・下）』ジョン・コルヴィル、都築忠七・見市雅俊・光永雅晃訳、平凡社、上・一九九〇年、下・一九九一年。

（チャーチルの首席秘書官の日記で、大戦中のチャーチルの日常がよくわかる）

『チャーチル』ロバート・ペイン、佐藤亮一訳、りぶらりあ選書、法政大学出版局、一九九三年。

『ヒトラー対チャーチル―八〇日間の激闘』ジョン・ルカーチ、秋津信訳、共同通信社、一九九五年。

『大英帝国衰亡史』中西輝政、ＰＨＰ研究所、一九九七年。

『昭和の動乱』重光葵、中公文庫、二〇〇一年。

『戦争と政治とリーダーシップ』エリオット・Ａ・コーエン、中谷和男訳、アスペクト、二〇〇三年。

（リンカーン、クレマンソー、チャーチル、ベングリオン（イスラエル初代首相）の戦時下でのリーダーシップを論じたもの）

『ヒトラーとスターリン　第二巻』アラン・ブロック、鈴木主税訳、草思社、二〇〇三年。

『あの時「昭和」が変わった』加瀬俊一、光文社、二〇〇四年。

『チャーチルが愛した日本』関栄次、ＰＨＰ研究所、二〇〇八年。

『ヤルタ会談チャーチル通訳が明かす』産経新聞、二〇一〇年一月六日。

『危機の指導者チャーチル』冨田浩司、新潮選書、二〇一一年。

『チャーチル―不屈のリーダーシップ』ポール・ジョンソン、山岡洋一・高遠裕子訳、野中郁次郎解説、日経ＢＰ社、二〇一三年。

『チャーチル―不屈の指導者の肖像』ジョン・キーガン、富山太佳夫訳、岩波書店、二〇一五年。

『統合軍参謀マニュアル』Ｊ・Ｄ・ニコラス空軍大佐、Ｇ・Ｂ・ピケット陸軍大佐、Ｗ・Ｏ・スピアーズ海軍大佐、野中郁次郎監訳、谷光太郎訳、白桃書房、二〇一五年。

（米陸海軍の統合作戦組織の歴史や、一九四七年の国家安全保障法によって、空軍が独立し、国家安全保障会議（ＮＳＣ）、中央情報局（ＣＩＡ）、陸海空軍を統括する国防総省（ＤＯＤ）、統合参謀本部（ＪＣＳ）が創設されたこと、他国軍との連合参謀長会議（ＣＣＳ）に関する詳しい記述がある。チャーチルによる軍の統合運用理解にも有益）

※米英軍連合参謀長会議で、チャーチル戦略に疑問と反論を提起し続けた米海軍トップのキング元帥については、次の二書を参照。
『アーネスト・キング』谷光太郎、白桃書房、一九九三年。
『海軍戦略家キングと太平洋戦争』谷光太郎、中央公論新社、二〇一五年。

■フランクリン・ルーズベルト関連

I Was There, by Fleet Admiral William D. Leahy, McGraw-Hill Book Company, Inc., 1950.
（ルーズベルト大統領の軍事参謀長として、米統合参謀長会議の議長を務め、米英連合参謀長会議の議長でもあったリーヒ元帥は、チャーチル、スターリンとルーズベルトの巨頭会議にも、ルーズベルトに同道した。連合参謀長会議での米英軍首脳の会議や対立を、その場にいた者の体験を記述したもので興味深い）

FDR: A Biography, by Ted Morgan, Grafton Books, 1985.
（フランクリン・ルーズベルトを知るに不可欠の書）

Young Mr. Roosevelt : FDR's Introduction to War, Politics, and Life, by Stanley Weintraub, DACAPO, 2013.
（ルーズベルトが政治家として初めて軍事に関った海軍次官時代の経歴が詳述されている。海軍次官として第一次大戦を乗り越えたことは、ルーズベルトに大きな体験となった。この時期に英海相だったのがチャーチル）

Josephus Daniels: His Life & Times, by Lee A. Craig, The University of North Carolina Press, 2013.
（ウィルソン大統領時代に海軍長官として、ルーズベルトを海軍次官に任命し、次官に手腕を揮わせ

た人物の伝記。ルーズベルトは生涯、ダニエルズ長官の徳を忘れなかった。ルーズベルトを知るに不可欠の人物）

『アメリカ大統領』宇佐美滋、講談社、一九八八年。

『ホワイトハウスの政治史』有賀貞、NHK市民講座、一九八八年七〜九月期、日本放送出版協会。

『フランクリン・ルーズベルト伝』ラッセル・フリードマン、中島百合子訳、NTT出版、一九九一年。

『米軍提督と太平洋戦争』谷光太郎、学研、二〇〇〇年。

『アメリカ大統領が死んだ日』仲晃、岩波現代文庫、二〇一〇年。

『フランクリン・ローズヴェルト（上・下）』ドリス・カーンズ・グッドウィン、砂村栄利子・山下淑美訳、中央公論新社、二〇一四年。

『ルーズベルト一族と日本』谷光太郎、中央公論新社、二〇一六年。

（日露戦争時のセオドア・ルーズベルト大統領や、第二次大戦中のフランクリン・ルーズベルト大統領といったルーズベルト一族の家系の系譜やその横顔、思想、政治的活動や日本との関係を記述）。

■**東條英機関係**

『終戦覚書』高木惣吉、弘文堂アテネ文庫、一九四八年。

『太平洋戦争』高木惣吉、岩波新書、一九四九年。

『太平洋戦争と陸海軍の抗争』高木惣吉、経済往来社、一九六七年。

『開戦と終戦』富岡定俊、毎日新聞社、一九六八年。

『秘録石原莞爾』横山臣平、芙蓉書房、一九七一年。

『陸軍大学校』上法快男編、芙蓉書房、一九七三年。

『昭和の将帥』高宮太平、図書出版社、一九七三年。

（東條に親しく接した朝日新聞記者による陸軍内部や家庭内における東條の人物像が興味深い）

『東條英機』東條英機刊行会、上法快男編、芙蓉書房、一九七四年。

『帝国陸軍の最後（進攻篇）』伊藤正徳、角川書店、一九七六年。

（陸海軍の連絡を担当する「土曜会」の記述あり）

『最後の参謀総長梅津美治郎』梅津美治郎刊行会、上法快男編、芙蓉書房、一九七六年。

『細川日記』細川護貞、中央公論社、一九七八年。

（高松宮の情報収集役を務めた細川護貞による戦時中の日記。東條英機に関する記述も多い）

『自伝的日本海軍始末記』高木惣吉、光人社、一九七九年。

『昭和戦争史の証言』西浦進、原書房、一九八〇年。

『大東亜補給戦―わが戦力と国力の実態』中原茂敏、原書房、一九八一年。

『続自伝的日本海軍始末記』高木惣吉、光人社、一九八一年。

『宰相鈴木貫太郎』小堀桂一郎、文藝春秋、一九八二年。

『太平洋戦争の敗因を衝く』田中隆吉、長崎出版、一九八四年。

『東條秘書官機密日誌』赤松貞雄、文藝春秋、一九八五年。

『将軍の遺言―遠藤三郎日記』宮武剛、毎日新聞社、一九八六年。

（航空兵器総局長官だった遠藤陸軍中将の回顧の部分がある。この役所の総務局長だったのが大西瀧治郎海軍中将）

『侍従長の回想』藤田尚徳、中公文庫、一九八七年。

『政治スタッフの原点―陸軍省軍務局長武藤章に学ぶ』上法快男編、芙蓉書房、一九八七年。

『情報なき戦争指導』杉田一次、原書房、一九八七年。

『事典　昭和戦前期の日本―制度と実態』伊藤隆監修、百瀬孝著、吉川弘文館、一九九〇年。

『昭和天皇独白録―寺崎英成御用掛日記』文藝春秋、一九九一年。

『第二次大戦（二）』軍事史学会編、錦正社、一九九一年。

（大西瀧治郎中将の陸海軍対立への嘆きがある）

『電子立国日本を育てた男―八木秀次と独創者たち』松尾博志、文藝春秋、一九九二年。

（レーダーの発明者である八木秀次による、陸海軍の技術開発関連抗争の記述あり）

『戦中派虫けら日記』山田風太郎、未知谷、一九九四年。

『東京裁判、日本の弁明』小堀桂一郎、講談社文庫、一九九五年。

『大東亜戦争作戦日誌』井本熊男、芙蓉書房、一九九八年。

『日本史の法則』渡部昇一、祥伝社、二〇〇五年。

『年表　太平洋戦争全史』日置英剛編、国書刊行会、二〇〇五年。

『転身瀬島龍三の「遺言」』新井喜美夫、講談社、二〇〇八年。

（東條首相がミッドウエー海戦の敗北を知らなかっただろう、との瀬島や星野直樹内閣書記官長の証言がある）

『昭和の大戦への道―渡部昇一、日本の歴史⑥昭和篇――』渡部昇一、ワック、二〇一〇年。

著者
谷光 太郎（たにみつ たろう）
1941年香川県生まれ。1963年東北大学法学部卒業。同年三菱電機入社。1994年山口大学経済学部教授。2004年大阪成蹊大学現代経営情報学部教授。2011年退職、現在に至る。
著書に、『米海軍から見た太平洋戦争情報戦』（芙蓉書房出版）、『ルーズベルト一族と日本』（中央公論新社）、『米軍提督と太平洋戦争』（学習研究社）、『情報敗戦』（ピアソン・エデュケーション）、『敗北の理由』（ダイヤモンド社）、『海軍戦略家マハン』（中央公論新社）、『海軍戦略家キングと太平洋戦争』（中公文庫）、『統合軍参謀マニュアル』（翻訳、白桃書房）、『黒澤明が描こうとした山本五十六』（芙蓉書房出版）などがある。

英国の危機を救った男チャーチル
――なぜ不屈のリーダーシップを発揮できたのか――

2018年 6月15日　第1刷発行

著 者
谷光《たにみつ》 太郎《たろう》

発行所
㈱芙蓉書房出版
（代表 平澤公裕）
〒113-0033東京都文京区本郷3-3-13
TEL 03-3813-4466　FAX 03-3813-4615
http://www.fuyoshobo.co.jp

印刷・製本／モリモト印刷

ISBN978-4-8295-0737-7

【芙蓉書房出版の本】

米海軍から見た太平洋戦争情報戦

ハワイ無線暗号解読機関長と太平洋艦隊情報参謀の活躍

谷光太郎著　本体 1,800円

ミッドウエー海戦で日本海軍敗戦の端緒を作った無線暗号解読機関長ロシュフォート中佐、ニミッツ太平洋艦隊長官を支えた情報参謀レイトンの二人の「日本通」軍人を軸に、米国海軍情報機関の実像を生々しく描く。

黒澤明が描こうとした山本五十六

映画「トラ・トラ・トラ！」制作の真実

谷光太郎著　本体 2,200円

山本五十六の悲劇をハリウッド映画「トラ・トラ・トラ！」で描こうとした黒澤明は、なぜ制作途中で降板させられたのか？　20世紀フォックス側の動き、米海軍側の悲劇の主人公であるキンメル太平洋艦隊長官やスターク海軍作戦部長にも言及した重層的ノンフィクション。

原爆投下への道程

認知症とルーズベルト

本多巍耀著　本体 2,800円

世界初の核分裂現象の実証からルーズベルト大統領急死までの６年半をとりあげ、原爆開発の経緯とルーズベルト、チャーチル、スターリンら連合国首脳の動きを克明に追ったノンフィクション。

原爆を落とした男たち

マッド・サイエンティストとトルーマン大統領

本多巍耀著　本体 2,700円

“原爆投下は戦争終結を早め、米兵だけでなく多くの日本人の命を救った”という戦後の原爆神話のウソをあばく。オッペンハイマー博士ら科学者たちがなぜこれほど残酷な兵器を開発したのか？　そして政治家、軍人、外交官は……？